PAQUEBOTS

REMERCIEMENTS A...

Mme Cogan qui a bien voulu me prêter de nombreux documents
de la collection rassemblée par son mari,
Jean-Paul Herbert qui veille jalousement sur le trésor des archives de la CGM,
Claude Molteni de Villermont et Guy Mercier qui savent tout sur les paquebots
et dont les appartements envahis de documentation
et d'objets sont comme des musées maritimes,
Jacques Schirmann qui m'a beaucoup appris sur les Chargeurs réunis,
Janie Blanchard et Jean Lassara qui ont mis à ma disposition
les archives de SCAC-Delmas-Vieljeux,
Daniel Bournazac qui m'a permis de humer l'odeur d'encaustique de la bibliothèque
du Comité central des armateurs de France,
Daniel Sicard et Thérèse Dumont qui réalisent un fabuleux travail
à l'Ecomusée de Saint-Nazaire,
Philippe Dravet et Bernard Bribard qui veillent sur l'histoire des chantiers navals
de Saint-Nazaire où sont nés et naissent encore aujourd'hui
les plus beaux paquebots du monde.

PAQUEBOTS

DANIEL
HILLION

ÉDITIONS
OUEST-FRANCE
13 rue du Breil, Rennes

Sur le pont-promenade. Dessin de Léon Fauret.

Sommaire

Les paquebots des lignes étaient déjà des villes
avec des rues, des bars, des cafés, des bibliothèques,
des salons, des rencontres, des amants, des mariages,
des morts. Des sociétés de hasard se formaient,
elles étaient obligées, on le savait, on ne l'oubliait pas,
et de ce fait elles devenaient vivables,
et même parfois inoubliables d'agrément.

Marguerite Duras (*L'amant*)

PRÉLUDE

Les enfants qui jouent ont inventé un temps de féerie, le conditionnel d'émerveillement : « Tu serais gendarme et je serais voleur. » C'est à cette conjugaison que je vous convie. Vous seriez amoureux des paquebots d'antan et nous aurions inventé une sorte de grand-père bourlingueur. On l'aurait appelé Toussaint pour que tous les saints bretons bénissent notre échappée, et cet aïeul, taillé dans un bois plus dur que celui dont est faite la réalité, nous aurait offert, au seuil de son siècle d'existence, le récit de ses aventures maritimes. Nous voici donc liés par le sang du rêve et la sève du vent.

Hormis les circonstances exceptionnelles, comme la fête consacrée aux chants de marins, l'ancien ne se déplace plus. Depuis la terrasse de sa maison, plantée sur les hauts de la Croix des Veuves, à Pors-Even, il passe ses journées à regarder entrer et sortir les bateaux de pêche de Paimpol. Et il pense aux paquebots sur lesquels il a couru le monde. Lorsque la brume gomme le paysage, il se cale dans une bergère recouverte d'une tapisserie d'Aubusson, récupérée sur *France* en 1932, après la mise à la retraite du navire, et s'abîme dans la contemplation de l'une ou l'autre des deux peintures placées en vis-à-vis dans son salon. Elles se répondent à l'infini, comme des miroirs. Celle de James Tissot — une reproduction achetée lors d'un voyage à Londres — lui jette à la mémoire les derniers temps de la marine en bois. Sur le pont d'un grand voilier, un capitaine et son second discutent avec deux jeunes femmes élégantes. La scène a pour décor la Tamise, avec l'enchevêtrement des mâts et des haubans des paquebots d'autrefois. La peinture évoque toute la douceur des escales. L'autre, une esquisse de Poilpot, représente la halle transatlantique du port du Havre, interlude indécis et fourmillant séparant le train du bateau. Le long du quai, *Normandie* s'impatiente. Mains serrées, embrassades, pleurs, bras qui agitent des chapeaux, c'est l'émotion et l'excitation du départ. La multitude des détails représentés dans les deux toiles, les dialogues des personnages qu'il a mille fois réinventés, sont pour notre grand-père la poussière de lune nécessaire pour réensemencer le temps passé.

Je viens souvent prendre un verre avec Toussaint et je lui parle de la vie du port. Je lui raconte, jour après jour, les difficultés de la marine marchande, les armements qui disparaissent, les marins mis à la retraite d'office, la fermeture d'écoles de la marine.

— C'est pas Dieu possible ! bougonne le vieux en rallumant sa Gitane maïs d'un cliquetis de briquet-tempête.

Les nouvelles des derniers mois l'affligent plus encore. Voilà que le poisson vient à manquer et que la pêche est à son tour en crise.

— J'espère que le bon Dieu m'appellera vite, maintenant. Il est temps que je pose mon sac au cimetière. C'est à deux pas, je ne serai pas dépaysé. J'ai déjà choisi mon coin. Exposé plein sud. La bouture de bougainvillier plantée l'an dernier est déjà vivace.

Tout en discutant je mets à feu doux le fait-tout de Toussaint. Un bar y court-bouillonne.

— Je t'ai amené de quoi dîner...

— Tu remercieras ta femme... et sors donc le porto...

Quand le vieux Toussaint se sert un porto, c'est qu'il veut parler. Mais s'il tasse un « jaune » dans un verre à bière, c'est qu'il a choisi de s'abîmer, solitaire et silencieux, dans ses souvenirs. Les jours qui, peu à peu, vont me permettre de noter les récits suivants sont des jours à porto avec, souvent, un zeste d'amertume citronnée.

Depuis la vigie de son salon, il se laisse fasciner par le scintillement du clapot des vagues, puis il commence :

— C'était le matin du 10 mars 1905. Le jour du départ des pêcheurs d'Islande. J'allais avoir treize ans. Le port était une forêt de mâts. On aurait dit qu'ils éborgnaient les fenêtres. Le père Cleac'h, un photographe de Saint-Nazaire qui éditait des cartes postales, se baladait, enveloppé d'une cape. Quand il prenait une photo il ramenait son vêtement par-dessus ses épaules, sur son appareil à soufflet, avec le geste d'une délurée qui se serait retroussée jusqu'au chignon. Sur le quai, c'était la foule des familles. Ma mère, ma sœur, ma grand-mère, mon oncle de la Royale étaient venus dire au revoir à mon père. Avec une dizaine d'autres matelots, il était grimpé à mi-mât pour desserrer les huniers et jouait les acrobates sur les marchepieds des vergues. Il m'a appelé : « Toussaint ! », et m'a lancé sa casquette. « C'est pour ton anniversaire... et n'oublie pas, l'année prochaine tu seras du voyage ! » Ma mère pleurait. La *Marie-Jeanne* s'est détachée du quai, elle est sortie de l'anse en mettant le cap sur Bréhat, puis elle a disparu. Pour toujours. Malgré prières et ex-voto, on n'a jamais revu la *Marie-Jeanne* ni son équipage.

Toussaint rallume une cigarette, regarde le soleil descendre sur l'îlot de Saint-Riou, et poursuit.

— L'année suivante j'étais encore sur le quai au moment du départ. Ma mère m'avait fait jurer de ne pas céder aux promesses des recruteurs d'équipages qui passaient l'hiver à faire du porte-à-porte. Sans que cela me coûte, j'avais promis de rester sur le plancher des vaches. C'est pourtant ce jour du départ des « Islandais », un an après celui de mon père — j'ai d'ailleurs toujours su qu'il y était pour quelque chose — que la chance m'a pris par la manche. Le vieux Cleac'h, toujours présent ces jours particuliers, a été attiré par le gamin malingre que j'étais, portant vareuse rapiécée, sabots de bois et, surtout, une casquette bien trop grande pour lui. Il m'a tiré le portrait, puis demandé de l'amener en canot tourner autour des bateaux. Toute la journée, coup de godille à droite, coup de godille à gauche, on s'est glissés entre les coques, tantôt serrant au plus près, tantôt prenant du champ. J'avais amarré le trépied de l'appareil aux bancs de la barque et le père Cleac'h, pour garder ses deux mains libres, tenait la poire du déclencheur dans sa bouche. Le soir, il me demande tout à trac :

— Maintenant que tu as ton certificat d'études, que comptes-tu faire comme métier ? La pêche ?

— Ah, non ! Et je lui raconte la disparition de mon père.

— Est-ce que cela t'intéresserait de faire la tournée des ports de France avec moi ?

— Pourquoi pas ?

Il me ramène à la maison en voiture et explique à ma mère qu'il est prêt à m'offrir gîte, couvert et quelques sous si je veux bien lui servir d'aide. Naturellement, il

Le quai des transatlantiques au Havre en 1889. Esquisse de Poilpot.

m'apprendra le métier. Ma mère, trop contente de voir son fils s'éloigner du monde de la pêche, tope de bon cœur.

C'est ainsi que Toussaint Guillevic, pendant près de dix ans, suit le père Cleac'h et photographie les paquebots du Havre, les caseyeurs du Conquet, les cargos de Marseille, les navires en construction à Saint-Nazaire, les boucholeurs de la baie de l'Aiguillon, les sardiniers du Pouliguen, la relève du phare d'Armen, et des centaines d'autres sujets maritimes qu'on découvre aujourd'hui encore chez les collectionneurs de cartes postales, rehaussées par l'ocre dentelé d'une semeuse à cinq ou dix centimes dûment estampillée par la poste.

Ainsi donc, pour reprendre notre conditionnel d'émerveillement, entre 1910 et 1912, Toussaint aurait photographié, dans les chantiers de Saint-Nazaire, la construction de *France*. Chaque mois, il aurait livré ses clichés à la Compagnie générale transatlantique qui aurait été très satisfaite de son travail.

Et voilà qu'un beau matin, le facteur lui aurait apporté un carton signé de Jules Charles-Roux, président de la Transat, l'invitant, pour le remercier, au voyage inaugural du plus beau paquebot du monde. Le 20 avril 1912, Toussaint aurait quitté le père Cleac'h. Le fils du pêcheur d'Islande disparu sur les bancs, qui avait promis à sa mère de ne jamais naviguer, se serait embarqué, cette fois-là et beaucoup d'autres, pour raconter l'histoire des plus beaux paquebots français.

Ils s'appellent *France*, *Gallia*, *Europe*, *Paris*, *Georges-Philippar*, *L'Atlantique*, *Ile-de-France*, *Normandie*, *Pasteur*, et encore *France*, le dernier... rebaptisé *Norway*.

Le capitaine et son second. Peinture de James Tissot.

1912
FRANCE

Un château dans un bateau

Orphéons et fanfares ne parviennent pas à dissiper l'angoisse latente. Le concert des sirènes des bateaux du port, saluant le plus grand des navires français, a quelque chose de glaçant. Ce soir du samedi 20 avril 1912, la silhouette à quatre cheminées de *France* franchit pour la première fois les passes du Havre et met le cap sur New York. Qu'ils soient soutiers ou ministres, les participants au voyage n'ont qu'une obsession : le naufrage du *Titanic*, survenu dans la nuit du dimanche au lundi précédents.

— Drôle d'ambiance ! se souvient Toussaint. Plusieurs passagers avaient sous le bras des journaux remplis de l'horreur de la catastrophe.

Toussaint Guillevic ne se soucie pas du danger. Il a vingt ans et, dans la poche, une invitation qu'il vénère comme une image pieuse. C'est un bristol signé du président de la Transat. Il n'en revient pas, lui, le fils d'un pauvre pêcheur d'Islande, et si jeune reporter, de se retrouver mêlé à la « haute ».

— Ce premier départ, je n'ai pas peur de le dire, c'est le moment le plus bouleversant de ma vie. Difficile de t'expliquer ce que je ressentais. Beaucoup de fierté et d'excitation mais aussi un peu de tristesse, une impression de rupture. Tu comprendras peut-être si je te dis que ce jour-là j'avais tenu à porter la casquette de mon père. J'aurais aimé être sûr qu'il m'approuvait, qu'il était content de moi. Pour tout dire, je ne pouvais m'empêcher de penser que je le trahissais un peu en embarquant sur ce luxueux navire, abrité derrière mon appareil photo, lui qui n'avait jamais douté que le fiston deviendrait un vrai marin. Au premier coup de sirène mon cœur s'est mis à battre comme jamais. Je crois que j'ai pleuré quand le bateau s'est éloigné du quai et en même temps je me sentais fort,

***France*, au Havre, peint par E. d'Argence. Ci-contre : le grand hall.**

important, conquérant. Tu vas rigoler, je me revois saluant, comme un député en campagne, la foule du quai qui agitait mouchoirs, foulards et chapeaux. Vois-tu, j'étais doublement comblé. L'envie de courir les mers est ancrée dès la naissance dans la tête de tous les fils de marins, et moi — va savoir pourquoi — je traînais en plus, depuis l'enfance, le désir de visiter le château de Versailles. Et voilà que le château, je le trouvais dans le bateau.

Le baroudeur ouvre avec gourmandise et respect un album à la forte couverture de cuir repoussé. Je me laisse gagner par son émotion. A mon tour, je suis l'élu, l'invité au voyage sur le plus beau paquebot du monde. Mon ami me guide, de cliché en cliché, émerveillé comme au premier jour.

— Regarde la salle à manger. La photo ne rend pas compte de sa dimension. Alors imagine des dorures et du marbre sur huit mètres de hauteur, l'espace de trois entreponts ! Elle pouvait recevoir plus de cinq cents personnes. Pour la première fois, sur un paquebot, le service s'y faisait par tables individuelles. Et l'escalier qui y descendait ! Grandiose ! C'était la réplique de celui de l'hôtel du comte de Toulouse, orné par Robert de Cotte, le gendre de Mansart. Le premier soir, j'ai vu plus d'une belle dame impressionnée au moment de l'emprunter, sous les regards des dîneurs déjà installés. Et le grand salon de conversation ! Majestueux ! Regarde bien cette photo. Tu vois la peinture de Louis XIV à cheval ? Tu devines mon éblouissement lorsque je constate que c'est la même que dans mon livre d'histoire. C'était un Van der Meulen. Il fai-

1912
FRANCE

sait face à un Rigaud représentant le Roi-Soleil en pied. Il y avait aussi aux murs des portraits en médaillon de la duchesse de Bourgogne, d'Henriette d'Angleterre, de la princesse de La Tour du Pin et de madame de Maintenon. Les boiseries étaient blanches, les lambris dorés, le tapis bleu roi, le tout environné d'une enfilade de colonnes corinthiennes et mis en valeur par la subtilité de l'éclairage que diffusait un dôme central cristallin.

Après les splendeurs Grand Siècle de la salle à manger et du grand salon de première classe, suivent des clichés du salon mauresque : fontaine de marbre blanc, géométrie subtile des mosaïques et des tapis.

— Ici, le soir, après le dîner, des négrillons enveloppés comme des friandises dans des soieries chamarrées servaient le café. C'était une façon, un peu appuyée, de rappeler aux Américains que la France possédait un vaste empire colonial.

Toussaint continue de feuilleter ses albums. Voici le salon mixte avec ses panneaux de Lacroix jouxtant des toiles d'Aubusson superbes ; les appartements de luxe, avec les colonnes cannelées de leurs lits à baldaquin, leurs baignoires aux robinets d'or alimentés en eau douce et en eau de mer, le raffinement de leurs salons privés agrémentés d'un piano. De quoi convaincre le plus blasé que ce *France* de 1912 mérite bien son surnom de « Versailles des mers ». Son luxe est si recherché par la clientèle américaine qu'il arrivera que les cabines se vendent aux enchères. Des officiers céderont la leur à prix d'or, se contentant d'une couchette dans un coin de l'infirmerie.

Pour la Transat, c'est une période prospère. En dix ans, la compagnie met quatre paquebots en service sur la ligne de New York : *La Lorraine*, *La Savoie*, *La Provence*, et enfin ce *France*, long de 218 mètres, dont les splendeurs inégalées sont le fruit d'un pari : séduire par le confort et la beauté une clientèle que l'on s'arrache traditionnellement à coups de records de vitesse.

Peu après son arrivée à la tête de la compagnie en 1904, Jules Charles-Roux décrète en effet que la course sur

La salle à manger, la bibliothèque et le grand salon des "première classe".

Le grand salon des "première classe".

l'Atlantique doit cesser. Son coût est exorbitant. La lieue marine revient à seize francs quand on marche à dix nœuds et le prix quadruple quand on ne fait que doubler la vitesse. Plutôt que de se battre pour aller plus vite, le président décide de concurrencer ses adversaires en offrant un luxe et un espace exceptionnels.

— Je te garantis que le pari n'était pas gagné d'avance. Le choix du patron de la Transat ne s'inscrivait pas dans l'air du temps. La bataille pour le Ruban bleu battait son plein. En 1909, dans le sens Europe-USA, *Mauretania*, de la Cunard, ravissait le record à *Lusitania*, son frère d'armement, qui l'avait arraché deux ans plus tôt à *Deutschland*. C'est également *Mauretania* qui dès 1907, dans le sens USA-Europe, avait battu le même *Lusitania* qui ne détenait que depuis un mois le record enlevé à l'allemand *Kaiser Wilhelm II*. Ça te donne une idée du culot et du flair qu'il fallait pour prétendre rester concurrentiel en se retirant de cette course.

Mais le patron de la Transat a compris qu'il est, à ce jour, technologiquement utopique d'espérer gagner sur la traversée un temps commercialement appréciable. En effet, les passagers n'embarquant ni ne débarquant la nuit, il serait nécessaire, pour que le voyage dure cinq jours au lieu de six, de réaliser vingt-neuf nœuds de moyenne, c'est-à-dire d'en gagner cinq à six. Impossible exploit. Le paquebot de la Cunard conservera d'ailleurs son record vingt-deux ans.

France, qui a choisi d'être le « Versailles des mers », n'en est pas moins un navire rapide. Il marque d'ailleurs son époque par son système de propulsion. Pour la première fois, est mis en œuvre un dispositif de turbine à triple détente qui entraîne les quatre hélices et permet au commandant Poncelet, lors de ce voyage inaugural, de parcourir Le Havre-New York à la moyenne de 22, 20 nœuds, et le retour à 23,40 nœuds. Seuls *Mauretania* l'intouchable et *Lusitania* font mieux.

— A vrai dire, ce n'étaient pas les turbines à triple détente qui épataient le plus les passagers de *France*. C'était l'ascenseur reliant les différents ponts. Une grande première que cet ascenseur à bord d'un paquebot français !

En revanche, les transmissions TSF à longue distance qui permettent de diffuser quotidiennement les nouvelles importantes des deux continents dans le journal du bord, *L'Atlantique* — composé en anglais et en français — ne sont déjà plus une nouveauté. Cette commodité, particulièrement appréciée par les hommes d'affaires qui peuvent ainsi se tenir informés chaque jour de l'évolution des marchés financiers, a été inaugurée six ans plus tôt sur *La Provence*.

— C'est également sur *France* que j'ai découvert le bowling, alors que la grande majorité des Français ne s'intéressera à ce jeu qu'à partir des années soixante. A l'époque, c'était surtout les hommes qui le pratiquaient, les dames préférant les parties de deck-tennis. Il y avait aussi toutes sortes d'activités sportives et de distractions réservées

Le salon mixte des "première classe".

1912
FRANCE

Une cabine de "première classe."

1912
FRANCE

La "sun gallery".

1912
FRANCE

aux enfants, y compris une superbe salle de guignol, entièrement tapissée de boiseries sculptées.

Pour ce qui est du luxe et du confort, la Transat à donc fait les choses sans compter. Le navire a coûté cinq à six fois plus cher qu'un paquebot desservant l'Afrique du Nord. Sa décoration marque l'apothéose de l'engouement pour le style classique qui se manifeste depuis le début du siècle. La règle est de reproduire dans les paquebots l'ambiance des plus fameuses demeures terrestres. Cela flatte la clientèle et la rassure.

— J'avais pour mission, explique Toussaint, de photographier les personnalités qui étaient du voyage. Je me souviens d'un bonhomme assez grandiloquent. C'était l'académicien René Bazin. Il restait des soirées dans le salon de conversation et n'en finissait pas de dire que le bateau était comme

L'une des premières apparitions du jeu de bowling... dont la pratique était rendue délicate par le roulis et le tangage.

un livre ouvert dans lequel les Américains pouvaient apprendre notre Grand Siècle. Quand il avait parlé pendant une heure de Louis XIV et de Colbert, un autre académicien, Gabriel Hanetaux, embrayait sur Louis XIII et Richelieu. On se serait cru à la communale, dans la classe du père Jobic... en beaucoup plus chic ! Par la suite, j'ai connu des traversées plus gaies que celle-là, mais aucune n'a été aussi somptueuse. Et je te prie de croire que les passagers ont vite oublié les malheurs du *Titanic* pour se laisser aller à la volupté de ce luxe époustouflant.

Je laisse Toussaint, devenu silencieux, à ses souvenirs de jeune homme ébloui, jusqu'au moment où, plongeant dans sa boîte aux trésors, il en retire quelques journaux poussiéreux.

— Figure-toi que je les ai gardés pour ne pas oublier que l'époque n'était pas aussi dorée que les lambris de *France*. Ce sont des numéros du *Travailleur de la mer*, le journal des syndicats.

C'est ce mois d'avril 1912, au Havre, au moment même où la Transat met les petits plats dans les grands pour attirer les riches Américains, que débutent les grandes grèves maritimes.

1912
FRANCE

— Les marins demandaient de l'augmentation ; les armateurs leur en avaient lâché mais pas assez à leur goût. Peu à peu les syndicats ont bloqué les ports. Il a fallu recruter des équipages étrangers et le ministre Delcassé a même mis cinq cents marins de l'Etat à la disposition des compagnies.

Nouveau silence. Toussaint tourne lentement quelques pages de l'album et me désigne une nouvelle photo de *France* dont les quatre cheminées et la coque, repeintes en blanc, sont à présent ornées de croix rouges, le signe distinctif des navires-hôpitaux en temps de guerre.

— Bientôt, ce seront les compagnies qui mettront leurs navires et leurs équipages à la disposition de l'Etat, mais ça c'est une autre histoire...

En août 1914, la compagnie s'apprête à suspendre ses liaisons commerciales. Mais de nombreux Américains qui se trouvaient en France à la déclaration de la guerre veulent rentrer chez eux. Seuls deux paquebots sont alors disponibles au Havre : *France* et *Chicago*. A ses risques et périls, la Transat décide de faire deux derniers voyages. *Chicago* part le 8 août. *France*, chargé de 2 500 passagers, le précède de quatre jours et fait la meilleure recette de toute sa carrière.

3 avril 1912 :* France *quitte le chantier de Saint-Nazaire.

Le bateau est réquisitionné le 18 mars 1915 et embarque quelques jours plus tard, pour les Dardanelles, les 4 000 hommes de la 156e division. Notre armée est alors en difficulté dans le secteur. Le paquebot pousse ses feux et parvient à débarquer la troupe le 2 mai, juste à temps pour redresser la situation. Entre novembre 1915 et mai 1917, le navire ne quitte pas le front d'Orient. De trooper il est transformé en navire-hôpital. Il évacue les blessés sur Toulon et reprend la mer pour les parages de Salonique. Dix allers-retours, 24 000 blessés rapatriés.

C'est à cette époque que Toussaint, incorporé au Service photographique des armées, retrouve *France*. Le vieux Breton n'est pas de ceux qui racontent leur guerre. Il se lève, regarde par la baie les pêcheurs rentrant au port.

France peint par Albert Sébille.
Ce navire de 23 666 tonneaux,
construit aux chantiers de Penhoët
à Saint-Nazaire,
est lancé en 1912.
Ses quatre hélices sont actionnées
par des turbines qui développent
45 000 Ch et lui permettent
de naviguer à 23 nœuds.
L'équipage comprend 500 personnes.
Le paquebot accueille 534 passagers
de première classe, 442 de deuxième,
250 de troisième.
800 émigrants peuvent s'entasser
dans l'entrepont.

FRANCE

Pendant la Première Guerre mondiale France est transformé en navire-hôpital. Des lits sont installés sur le pont-promenade.

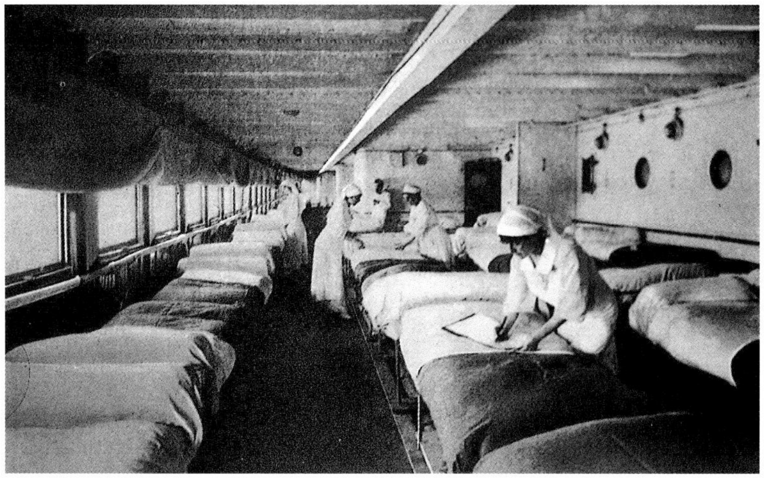

— De ce temps-là, dit-il enfin, je ne garde qu'une image : celle du pont-promenade. On n'y voyait plus les belles dames au chaud sous leurs plaids, attendant le bouillon de onze heures servi par les petits grooms rouges ou les beaux stewards. Les dames étaient en blouses blanches. Les lits de camp, serrés l'un contre l'autre, avaient remplacé les chaises longues et c'étaient des jeunes hommes amputés, déchirés, ensanglantés, qui attendaient de boire leur « bouillon de onze heures ». Enfin, nous avons eu beaucoup de chance !

France, effectivement, échappe au pire. Il n'est pas coulé par les sous-marins allemands, comme un tiers de la flotte de la Transat. Trooper, hôpital flottant, puis à nouveau trooper, il pourra participer, jusqu'à la fin de la guerre, au transport des militaires américains vers l'Europe.

Au début des années vingt, le photographe retrouve les luxes du « Versailles des mers » et sa clientèle richissime que la guerre n'a pas désargentée. Mais ce sont des passagers beaucoup plus modestes qui l'intéressent cette fois. Embauché par *L'Illustration*, il est chargé de faire un reportage sur les nouveaux émigrants, qui viennent pour la plupart de l'Europe centrale. Des Autrichiens, des Hongrois, des Yougoslaves, des Russes, des Polonais, des Lituaniens, des Grecs, des Turcs. Les compagnies s'arrachent cette clientèle moins aisée, mais nombreuse, qui va chercher aux Etats-Unis le mieux-être qu'une Europe désarticulée ne peut lui offrir.

Ce qu'on appellerait aujourd'hui une vaste politique de préacheminement est mise en œuvre. Les compagnies organisent des trains à prix réduits au départ des grandes villes européennes pour regrouper les émigrants. L'arrivée massive de tous ces voyageurs, qui doivent subir avant l'embarquement de longues formalités de contrôle sanitaire, pose d'énormes problèmes d'hébergement. La Transat est contrainte de racheter, dans le port du Havre, un ancien camp belge désaffecté et d'immenses magasins pour les transformer en hôtels sommaires. Devant ce flot migratoire, les Etats-Unis, qui entrent dans la crise économique, instaurent rapidement des quotas mensuels. Si bien que le nouveau jeu des transatlantiques n'est plus de remporter le Ruban bleu mais de se présenter le premier, le premier jour du mois, et à la première heure à New York, de façon à éviter que leurs clients ne soient refoulés.

Les émigrants de cette époque ne sont pas aussi pauvres que ceux du siècle passé et des navires comme *France*, devenu rapidement l'un des plus recherchés, offrent à ces classes populaires des conditions de voyage tout à fait acceptables. De nombreuses cabines, à deux, quatre ou six couchettes, possèdent des sanitaires indépendants. Ces passagers, comme les autres, bénéficient de bars, fumoirs, bibliothèques et même de la retransmission radiophonique de concerts. De ce reportage, Toussaint isole une anecdote :

— C'était un juif hongrois qui s'agitait en permanence. Il faut dire qu'il s'était embarqué avec toute la famille. Une bonne quinzaine de personnes. Quand la fifille n'avait pas envie de faire pipi, c'était la mémé qui se sentait mal. Les gamins se perdaient dans les coursives, la demoiselle voulait à tout prix aller danser dans le salon des « première classe ». On avait l'impression que le chef de maisonnée avait passé son temps à faire la police dans sa tribu et que celle-ci avait occupé le sien à se dissiper. L'arrivée à New York nous a prouvé le contraire. Dans le désordre général qu'est toujours l'accostage d'un bateau, la fameuse famille était la plus organisée. Elle se présentait sur le quai de Manhattan en rang comme à l'entrée de l'église un jour de mariage. Chacun portait chemise ou chemisier blanc neuf, jupe ou veston coupé dans des tissus raffinés. Avant de s'enfoncer dans les files douanières, le patriarche a levé la tête et regardé la passerelle. Il a salué les officiers en faisant de grands gestes. Souriant, le commandant lui a crié « Bonne chance ! ». Il venait pourtant de reconnaître, transformé en vêtements de coupe bourgeoise, le tissu des rideaux des cabines et des couvre-lits. Il savait aussi que les chemises étaient taillées dans les draps de la Transat. C'était une pratique courante. Je l'ai alors entendu murmurer : « Après tout, c'est ça aussi, la *France*. »

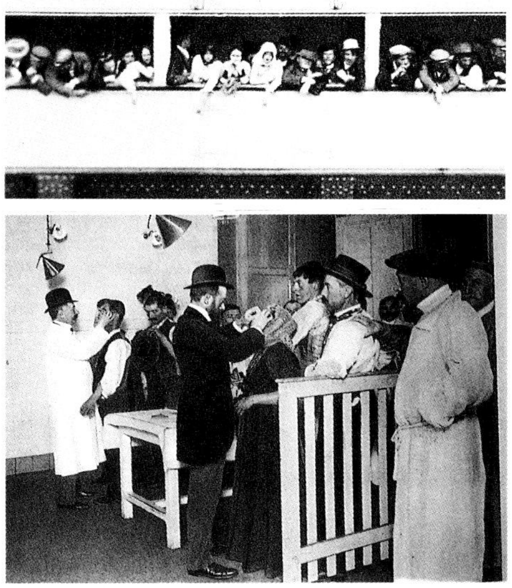

Au Havre les médecins de la Transat procèdent à la visite médicale des émigrants.

1913
GALLIA

Si tu vas à Rio...

— C'est Térésa. Je l'avais remarquée à l'escale des Baléares. Elle avait dix-huit ans, moi vingt. Non, vingt et un, puisque c'était en 1913, l'année du lancement de *Gallia*.

Parmi les photos du paquebot, s'est glissé un portrait de jeune fille. Le regard noir et malicieux, elle a pris la pose qui convient sur l'un des divans Récamier du salon de musique du bord.

— Ce jour-là, j'avais dû faire à sa demande toute une série de clichés du grand piano laqué blanc incrusté de motifs dorés. Elle avait décrété qu'elle voulait le même, au détail près, se souvient Toussaint. Et je pense qu'elle l'a eu. Son père, un richissime Brésilien, lui passait tous ses caprices. Il possédait une estancia de 20 000 hectares où il élevait des vaches et des moutons, et exportait viande, laine et cuirs. A mon avis, il n'avait accepté l'invitation de la compagnie Sud-Atlantique à la croisière inaugurale de *Gallia*, en Méditerranée, que pour distraire sa turbulente fille unique dont c'était le premier voyage en Europe. Il se mêlait peu aux autres passagers et faisait les cent pas dans les coursives comme s'il manquait d'espace. On leur avait pourtant attribué l'un des plus luxueux appartements du navire : deux chambres assorties d'un hall d'entrée, d'un salon et d'un balcon. Brusquement, et à mon grand regret, Toussaint le pédagogue censure Toussaint le conteur. Sans doute a-t-il saisi dans mon regard que je suis prêt à embarquer pour les magnificences d'une traversée du *France* bis.

— Attention, *Gallia* n'était pas *France*. Il ne mesurait que 183 mètres et n'avait pas l'ambition, malgré ses six ponts, d'être un « Versailles des mers ». C'était quand même un navire très élégant, « décoré dans le meilleur goût français », comme on disait à l'époque, et rapide. Il filait ses 20 nœuds et faisait Bordeaux-Rio en dix jours, Bordeaux-Buenos Aires en treize.

Gallia *peint par Sandy Hook. Construit à La Seyne en 1912, ce navire transportait 300 passagers de première classe, 106 de deuxième, 80 de troisième. L'entrepont accueillait 600 émigrants. Il était affecté à la ligne Bordeaux-Amérique du Sud.*

Des airs de samba et de boléro s'échappent de la mémoire de mon ami qui étale, rêveur, les documents d'un sister-ship de *Gallia*.

— Quelques années plus tard, après la guerre, j'ai fait le voyage de La Plata sur *Lutetia*. L'ambiance n'avait rien à voir avec celle, feutrée et parfois solennelle, des transatlantiques du Nord. Sur ces lignes créées pour attirer la riche clientèle des négociants argentins et brésiliens, on venait faire la fête. Les hommes, qui préféraient les costumes d'alpaga clair au smoking, comme les femmes, très brunes dans leurs robes de dentelles blanches, s'amusaient sans retenue. Ah oui, sur ces bateaux du soleil, on ne faisait pas semblant d'être blasé. C'était la vraie fiesta d'un bout à l'autre de la traversée. Pour résumer, *Gallia* et *Lutetia* offraient le luxe français, les raffinements de la cuisine française, avec en plus la décontraction des pays du Sud. Et puis, contrairement à beaucoup d'autres paquebots sur lesquels la vie s'organisait en tournant le dos au large, les installations permettaient de profiter au maximum de la vue sur la mer. Depuis le pont-promenade supérieur bien sûr, mais aussi depuis les salons, les fumoirs et les cafés-terrasses perchés sur des mezzanines. Partout, l'air et la lumière rentraient à flots, y compris dans les appartements privés et les chambres.

Je brûle de connaître la suite de

1913
GALLIA

1913
GALLIA

Le pont-promenade **de Lutetia.**

Le grand hall du pont **B de Lutetia.**

L'escalier et l'ascenseur du pont **B de Massilia.**

Le grand escalier de **Massilia.**

1913
GALLIA

Le salon de musique de **Lutetia.**
Le fumoir de deuxième classe de **Massilia.**
Le salon de lecture de **Massilia.**

Un appartement de grand luxe de **Massilia.**
Une cabine de première classe de **Massilia.**
Un appartement de grand luxe de **Lutetia.**

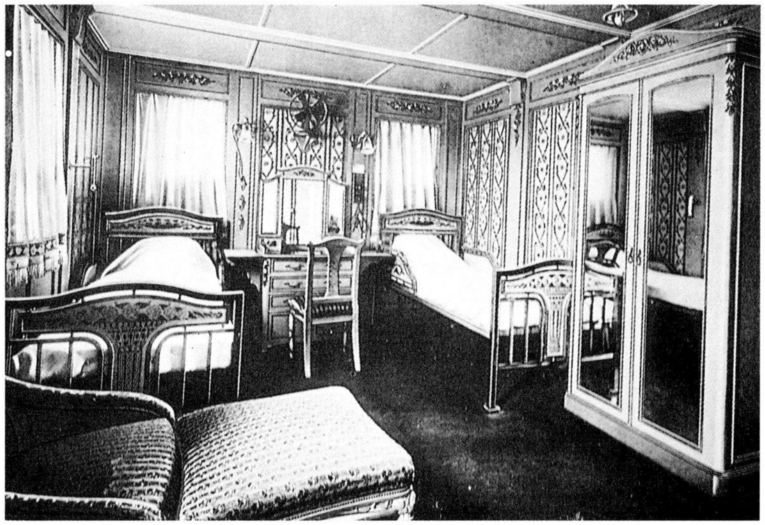
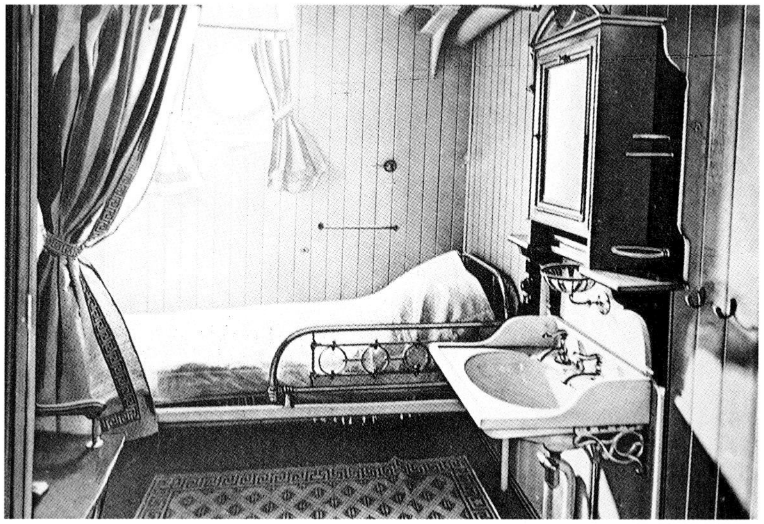

MASSILIA

l'histoire entre Térésa, la riche héritière, et Toussaint, le photographe du bord. Mais à une question trop précise sur son flirt en Méditerranée avec la jolie Brésilienne, mon vieil ami se ferme.

— Il n'y a rien à raconter. Dans cette croisière inaugurale de *Gallia*, nous étions les seuls jeunes gens. Thérèse était venue en Europe avec l'espoir d'y trouver des personnes et des sensations nouvelles. J'étais pour elle plus exotique que les riches invités du navire. Ce n'est pas ça qui est intéressant. Ce qui l'est bien davantage c'est l'histoire de la création de la Compagnie de navigation Sud-Atlantique qui, en construisant ces navires, a raflé aux Messageries le marché de l'Amérique du Sud. Tout ça commence par un coup de gueule de Clemenceau.

A cette époque, troublée politiquement, économiquement difficile, le pays France navigue par gros temps. En 1909, Clemenceau n'est pas encore « le Tigre », mais on le désigne déjà comme le « premier flic de France », pour la façon musclée dont il mate les grèves. Son gouvernement est renversé par les radicaux. Les « muets du sérail » — comme il les avait baptisés à tort — lui ayant offert des loisirs, il voyage. Au début de 1911, rentrant d'un séjour en Amérique du Sud, il écrit dans *L'Illustration* un de ces brûlots dont il a le secret. Il s'y étonne que Brésil et Argentine soient mieux desservis par les Italiens, les Anglais, les Allemands que par les bateaux français qui ne sont plus tout jeunes. Situation d'autant plus inacceptable que les progrès économiques de ces pays sud-américains sont dus, largement, aux investisseurs français. L'homme politique crie au scandale et exige qu'un armement dynamique batte en brèche la concurrence étrangère.

Les Messageries maritimes, qui ont depuis 1860 le monopole du trafic sur le secteur, ne sont pas en mesure de relever ce défi. Pour cet armement, présent sur toutes les mers du globe depuis le milieu du XIXe siècle, la Belle Epoque s'achève avant l'heure. Les troubles politiques qui ont éclaté dans certains pays desservis par la compagnie, la concurrence de plus en plus

***Lutetia* peint par Albert Sébille.**
Page de gauche :* Massilia *peint par Sandy Hook.

dure avec les armements étrangers, accroissent son déficit. Une partie de bras de fer s'est engagée, dès 1906, entre le gouvernement de Georges Clemenceau et André Lebon, patron des Messageries. Ce dernier estime que les subventions postales doivent être sensiblement augmentées et qu'elles doivent varier selon les pays desservis.

— Ces subventions, commente Toussaint, n'avaient en fait de « postales » que le nom. C'étaient des aides à l'exploitation des paquebots, calculées forfaitairement au mille parcouru, un point c'est tout.

Quoi qu'il en soit, André Lebon tape du poing sur la table et pose un ultimatum : le système d'aides change ou les Messageries abandonnent la ligne. Joseph Caillaux, ministre des Finances, n'apprécie guère le chantage et répond d'une façon inattendue. « Croyez-vous que l'Etat, tonne-t-il, ne se lassera jamais d'éparpiller en poussières son effort financier sous forme de subventions accordées à des lignes isolées ? De donner et de ne rien recevoir. L'Etat doit acquérir des droits en échange des sacrifices consentis ! »

Dans la foulée, les députés socialistes, Jules Legrand et Ferdinand Buisson, font voter à la Chambre une motion qui précise le fonctionnement d'un système d'attribution à l'Etat de parts bénéficiaires, système s'appliquant non seulement aux lignes subventionnées mais aussi à celles relevant du réseau commercial exploité librement par les compagnies.

— Dans la presse, raconte Toussaint en sortant d'une de ses boîtes à souvenirs des coupures de papier journal jauni et cassant, c'était la tempête : *Le Temps*, *Les Débats*, et même *Le Phare de la Loire* de Maurice Schwob dénonçaient cette « nouvelle forme d'étatisme » et ceux qui « faisaient le lit du collectivisme ». Les journaux étaient pleins de bordées d'injures qui se terminaient parfois par des duels sur le pré.

Mais, pendant que les Messageries et le gouvernement se chamaillent, trois armements marseillais, Cyprien Fabre, Fraissinet et la Société générale de transports maritimes à vapeur, créent la Compagnie de navigation Sud Atlantique et raflent aux Messageries le marché de l'Amérique du Sud. Les Messageries peuvent difficilement répliquer : l'incertitude financière dans

1913
GALLIA

Gallia *au terminus du chemin de fer à Bordeaux.*

Gallia *quittant Bordeaux.*

Le 4 octobre 1916, une torpille touche la soute à munitions de* Gallia*, alors croiseur auxiliaire. Le naufrage fait 1 740 victimes.

laquelle se trouve l'armement, entre 1900 et 1910, ne lui permet pas de se lancer dans la construction de nouveaux navires. Seul le paquebot *Buenos-Ayres* a été mis en chantier, aux risques et périls de l'Etat qui a imposé cette commande pour éviter le chômage à La Ciotat. Au moment du lancement, les Messageries n'exploitant plus la ligne de l'Amérique du Sud, le navire est rebaptisé *Paul-Lecat* et son premier voyage s'effectue sur l'Extrême-Orient.

— Pour reconquérir l'Amérique du Sud, reprend Toussaint, la jeune compagnie Sud-Atlantique faisait construire ses trois mousquetaires : *Lutetia*, *Gallia* et *Massilia*. Comme les fameux amis, ils auraient dû être quatre, puisque Sud-Atlantique avait le projet de construire aussi *Gergovia*, projet abandonné à la déclaration de guerre. *Lutetia* quittait Bordeaux pour sa première liaison le 1er novembre 1913. Comme tu le sais déjà, je n'étais pas du voyage puisqu'au même moment j'embarquais à Marseille sur *Gallia*, qui sortait des chantiers de La Seyne. Pour marquer l'inauguration, la compagnie avait donc offert à ses invités une croisière en Méditerranée. De Monzie, le sous-secrétaire d'Etat à la Marine marchande, était à bord. Nouvellement nommé, il en voulait ! Il a passé le voyage à proclamer qu'on allait voir ce qu'on allait voir, que la marine marchande française aurait la place qu'elle méritait, que s'en était fini du marasme humiliant où elle se débattait... enfin, bref, le discours que tiennent tous les nouveaux ministres de la Marine !

C'est pourtant vrai que, juste avant la guerre, les compagnies maritimes françaises font illusion. Elles disposent de quelques superbes bateaux : *France* et *La Provence* pour la Transat, *Paul-Lecat* et *André-Lebon* pour les Messageries, *Gallia* et *Lutetia* pour Sud-Atlantique qui a peint sur les cheminées jaunes de ses navires de fiers coqs rouges. Mais cet emblème sera vite retiré. A toutes les escales, les dockers accueillaient les navires en poussant des cris de basse-cour, et le comique de la situation n'était pas toujours du goût des passagers et de l'équipage.

— Certains appelaient la ligne la « Cocorico-Line ». Il n'y avait pourtant pas de quoi pavoiser marmonne Toussaint. Le coup des armements marseillais était un fiasco. En quelques mois, ils avaient « bouffé la grenouille » et Jules Charles-Roux, le patron de la Transat, appuyé par ses amis du gouvernement, prenait la majorité des actions. En fait, la création de Sud-Atlantique avait permis à la Transat de récupérer un marché qui appartenait depuis un demi-siècle aux Messageries.

La morale commerciale de cette histoire est sauve puisqu'en 1916 ce sera au tour de la Transat d'être évincée de Sud-Atlantique par les Chargeurs réunis.

La vie exubérante et colorée des richissimes éleveurs sud-américains, *Gallia* n'en a pas été longtemps le théâtre. Le 4 octobre 1916, trois ans après son lancement, le paquebot, transformé en croiseur auxiliaire, est torpillé par un sous-marin allemand alors qu'il se trouve entre la Sardaigne et la Tunisie. Il avait quitté Toulon la veille et se rendait à Salonique avec 2 000 soldats pour l'armée d'Orient. La torpille touche la soute à munitions. Le naufrage fait 1 740 victimes. Le commandant du sous-marin allemand *U 35* était Arnauld de La Perrière, descendant d'une famille française et huguenote émigrée après la proclamation de l'édit de Nantes.

Dernier coup d'œil sur un nouveau cliché de Térésa dans le jardin d'hiver de *Gallia*. Alanguie dans les bras d'un fauteuil d'osier, elle fixe rêveusement l'objectif. Le vieux Toussaint referme le livre d'images. Timidement cette fois, je demande ce qu'elle est devenue. Et, cette fois, j'obtiens une réponse.

Le pont de Lutetia.

— Térésa est devenue ce que tu vois : une jolie silhouette sur des photos jaunies. Je n'ai jamais eu de ses nouvelles. A l'escale de Palma, on s'était promis de se retrouver pour une vraie traversée de *Gallia* entre Bordeaux et Rio. Devant Ajaccio, elle avait juré qu'à sa majorité elle me rejoindrait pour, ensemble, courir le monde et le raconter dans les grands journaux illustrés. En quittant Bastia, elle m'a confié le grand projet de son père : lui faire épouser un homme important de son pays, encore jeune, mais ennuyeux et trop riche, précisait-elle pour me rassurer. De retour à Marseille, à peine franchie la passerelle, elle avait oublié le petit photographe qui avait alimenté ses rêves d'évasion, le temps d'une croisière… Vois-tu, poursuit Toussaint qui tient maintenant, en vieux philosophe de la vie à bord des paquebots, à tirer la leçon du souvenir d'amours déçues que je lui ai extorqué, j'ai beaucoup mangé, beaucoup lu, et beaucoup flirté pendant mes traversées. Les livres et la cuisine, il en reste toujours quelque chose, précise-t-il en flattant sa bedaine, mais les flirts, il est rare qu'ils survivent au voyage. Seulement voilà, en 1913 sur *Gallia*, j'étais trop jeune pour le savoir.

1915
EUROPE

Un cinq-étoiles pour l'Afrique

— **D**akar... Conakry... Tabou... Grand-Bassam... Cotonou... Libreville... Cap-Lopez... Loango... Banane... Matadi...

Lentement, photo après photo, Toussaint Guillevic savoure la litanic dc son premier voyage en Afrique.

— Une petite éternité, se souvient le vieil homme. J'ai fait des voyages plus longs, mais plus jamais je n'ai éprouvé à ce point le sentiment que le temps s'était arrêté... que je ne reverrai plus les quais de Paimpol, la Bretagne, la France... que le navire suivait, d'escale en escale, sous un soleil de plomb, une route sans fin.

C'était à la veille de l'automne 1915. En pleine guerre. Le jeune appelé, rattaché au Service photographique des armées, embarque à Bordeaux sur *Europe*. Ce paquebot postal des Chargeurs réunis, que l'Etat avait réquisitionné quelques mois plus tôt pour le transformer en croiseur auxiliaire, vient d'être désarmé et rendu à sa compagnie pour reprendre ses liaisons avec l'Afrique. Plus que jamais, la mère patrie a besoin de son empire, et l'armée, qui prépare l'offensive interalliée contre le Cameroun allemand, dépêche quelques-uns de ses reporters de guerre sur ce front lointain.

— J'avais aussi la mission, explique Toussaint, de témoigner de tâches plus obscures de nos militaires, dans ces régions où l'on n'était jamais à l'abri de la révolte d'une tribu indigène.

La compagnie des Chargeurs réunis exploite depuis 1889 la ligne postale de la côtc occidcntalc d'Afrique. D'abord avec *Ville de Maranhao* et *Ville de Maceio*, le navire qui en 1905 ramène Brazza mourant de sa dernière mission

Ci-dessus,* Europe *peint par A. Brun. Le navire est construit en 1905 à Saint-Nazaire pour desservir la côte d'Afrique noire. Certains ports ne peuvent pas accueillir le navire à quai aussi les passagers sont-ils débarqués du paquebot sur des pirogues à l'aide de nacelles, appelées berlines, manœuvrés par les mâts de charge du bord. C'est le cas à Loango et, comme sur cette carte postale, à Cotonou, au Dahomey.

en Afrique équatoriale française. Puis, à partir de 1906, avec *Europe* et *Afrique* en 1908 auxquels s'ajoute, en 1914, *Asie*.

Comme *Afrique*, son frère d'armement, *Europe* est un paquebot mixte prestigieux mais de taille modeste, avec ses 117 mètres de long. Les deux navires se ressemblent beaucoup, bien que l'un ait été construit à Saint-Nazaire, et l'autre aux chantiers Swan Hunter de Newcastle. Ils peuvent accueillir trois cents passagers, à raison d'une centaine environ pour chacune des trois classes, et transportent, avec le courrier, les marchandises à destination des résidents européens et des populations locales. En outre, un vaste local au confort sommaire peut accueillir un grand nombre de rationnaires : soldats français et supplétifs africains.

— Au moment d'embarquer, ce n'était pas l'excitation des grands départs. La plupart des passagers partaient avec l'angoisse de laisser des parents, des amis, des biens dans leur pays en guerre. Sans compter que pour la grande majorité d'entre eux, fonctionnaires, militaires, exploitants ou marchands, un tel voyage faisait partie des habitudes. Au lieu d'y chercher le dépaysement, ils escomptaient seulement y bénéficier d'un prolongement du confort et des bonnes traditions françaises, avant de retrouver les conditions précaires de la vie coloniale africaine.

La compagnie avait fait de gros

1915
EUROPE

efforts pour doter sa nouvelle série de paquebots des éléments de décors et des équipements de loisirs qui rendent une traversée agréable.

— A l'avant du pont-promenade, raconte Toussaint, s'ouvrait le salon de conversation éclairé par une douzaine de larges sabords et un dôme de vitrail. La lumière du soir y était très belle.

En haut à droite : Les passagers gagnent* Afrique *à l'aide d'un des canots du bord.

***En haut : Le salon des dames sur* Afrique.**

***Ci-contre : Le fumoir sur* Europe.**

***Ci-contre : Le salon des "première classe" sur* Europe.**

***Page suivante :* Europe *et* Afrique.**

C'était le lieu de rendez-vous préféré des passagers de première classe. On y jouait du piano, on empruntait un livre de la bibliothèque ou on écrivait, sur du papier de luxe à en-tête du navire, des lettres qu'on posterait à la première escale. Un vieux fonctionnaire colonial qui m'invitait souvent à sa table regrettait cependant la véranda aménagée à l'arrière sur *Afrique*, et qui n'existait pas sur *Europe*. Il était intarissable sur le plaisir d'y boire une bière fraîche dans la chaleur des soirées africaines. Sa femme, elle, gardait de sa première expédition africaine le souvenir ébloui de la découverte des luxueux compartiments du Congo-Express. « C'est bien à Paris, sur un quai de gare, insistait-elle, et non à Bordeaux, que commence l'aventure : le train part le soir, et après une nuit passée dans le luxe des wagons Pullman, le convoi vient se ranger le long du paquebot ancré au cœur de la ville. » Quant à moi, j'appréciais surtout que les deux navires, *Europe* comme *Afrique*, soient équipés d'une chambre noire permettant aux amateurs de photographie de tirer eux-mêmes leurs clichés. Une aubaine ! Je n'étais pas obligé de transformer ma cabine en laboratoire.

1915
EUROPE

1915
EUROPE

La première escale du paquebot, au matin du cinquième jour, c'est Santa-Cruz de Ténérife et les neiges éternelles du pic de Teide. Après avoir essuyé les tempêtes fréquentes du golfe de Gascogne et des côtes du Portugal, les quelques heures de terre ferme étaient attendues avec impatience par les passagers les moins amarinés. Ils pouvaient débarquer et se remettre l'estomac à l'endroit pendant que le bateau « charbonnait ».

— A peine descendue à quai, une jolie demoiselle des « seconde », qui allait rejoindre son papa en poste à Dakar, a déclaré qu'elle ne remonterait pas à bord. Elle avait frôlé la mort au cours de la traversée pour échapper à la torture du mal de mer. Au plus fort de la tempête, elle avait réussi à tromper la surveillance du médecin qui tentait de la maintenir allongée dans sa cabine, et s'était traînée jusqu'à l'air libre sur le pont désert. Un officier était arrivé juste à temps pour lui éviter d'être emportée par une vague. Il n'existait à l'époque aucun remède efficace contre ces malaises bénins mais insupportables. La Dramamine ne sera inventée qu'après la Seconde Guerre mondiale !

Les vieux coloniaux, qui constituent la clientèle la plus fidèle, descendent rarement aux escales. Ils préfèrent siroter quelques verres de fine-champagne dans les salons dont l'air, rafraîchi par un système de « thermotanks », est un peu plus respirable que celui du port. Après quelques heures à quai, le navire reprend le large, passe le tropique, et c'est bientôt l'extrême pointe de la Mauritanie, le Sahara et le commencement de l'empire français ouest-africain. On aperçoit rarement les côtes ; le commandant se garde bien de trop s'approcher du continent. Les parages sont très dangereux et, quelques années auparavant, le croiseur *Jean-Bart* y a fait naufrage.

En Côte-d'Ivoire les "laptots" s'efforcent de passer la barre avec des billes de bois.

— A défaut d'entrevoir les rivages de cette mystérieuse Afrique dont on parlait tant sans la connaître, j'espérais me la faire raconter par mes compagnons de voyage. Déception ! Je n'ai pas tardé à comprendre que les fonctionnaires en poste dans les principales villes du Sénégal n'avaient d'autre horizon que leur petit cercle d'amis coloniaux, et je me lassais vite des potins de cette vie en vase clos. L'un des officiers présents à bord m'entretenait plus volontiers des suites d'une blessure qu'il était venu soigner en France, et de sa dernière cure à Vichy, que des circonstances du soulèvement de la tribu des Guérés, dont sa troupe n'était venue à bout que l'année précédente, aux abords de la frontière libérienne. Le plus bavard était un agent commercial qui passait son temps à chercher des partenaires aux dés. Ce n'était d'ailleurs qu'une excuse pour s'éterniser au bar. Il s'échauffait rapidement en me décrivant l'indolence et la ruse des indigènes pour échapper au travail de récolte du caoutchouc. Mais ses récits m'en apprenaient moins sur la magie des paysages, la luxuriance d'une végétation impénétrable, les coutumes des tribus, que les photos de l'Exposition coloniale de 1906 à Marseille.

Ce n'est qu'après huit jours de mer qu'apparaissent les rochers des Almadies à l'extrémité de la presqu'île du Cap-Vert, derrière laquelle se cache Dakar. C'est la fin du voyage pour la plupart des passagers de première et de seconde classe.

— A peine les passerelles installées, le navire s'est vidé pour se remplir d'une nouvelle clientèle. Deux cent cinquante tirailleurs sénégalais, suivis d'une ribambelle colorée d'enfants et de femmes en boubous, se sont entassés sur le bateau dans un tohu-bohu indescriptible. Beaucoup d'Européens montaient aussi à bord pour se ravitailler en produits français — vins et parfums — et surtout pour soigner leur mal du pays en bavardant avec l'équipage. L'*Europe*, c'était un bout de leur continent ancré dans le port de Dakar.

Le soir, le paquebot reprend la mer. La joyeuse équipée de femmes et d'enfants qui accompagnait les tirailleurs — appelés à renforcer les colonnes françaises, belges et anglaises aux abords du Cameroun — a quitté ses héros avec des larmes et des cris. Les feux des Mamelles et de Cap-Manuel disparaissent à l'horizon. Cap sur Conakry. Un wharf y a été construit mais il n'est utilisable qu'à marée haute, aussi les passagers doivent-ils, la plupart du temps, quitter le navire à l'aide d'embarcations à moteur.

— Des exploitants de plantations d'hévéas abandonnaient le bateau et poursuivaient leur périple sur un petit vapeur blanc, *Gabon*, qui sillonnait les estuaires et les fleuves et desservait le

Rio-Pongo, le Rio-Nunez et la Sierra Leone où se trouvaient nos établissements de caoutchouc.

Après quelques heures d'escale, le bateau met le cap sur Tabou, en Côte-d'Ivoire.

— Cette étape était l'une des plus pittoresques. Ici, on embarquait les Kroomen, hommes de la tribu de Kroo peuplant, entre autres, le Liberia. Une soixantaine de pauvres bougres, emmenés par un chef baptisé par les marins « le Grand Cacatois », montaient à bord pour être « laptots ». C'était le nom donné à cette sorte d'esclaves, seuls capables, sous un soleil de plomb, de manutentionner les énormes billes de bois qu'on chargeait à chaque escale. Ils arrivaient le long du bord dans des surf-boats spécialement étudiés pour franchir la barre très dangereuse.

Une fois les Kroomen à bord, le navire poursuit sa route vers Grand-Bassam. Pendant les longues heures qui le séparent de la prochaine escale, Toussaint va découvrir l'enfer des postes perdus de l'Afrique coloniale, à travers les récits d'un nouvel ami.

— C'était un vieux missionnaire que j'avais remarqué depuis le début du voyage. Son air de tristesse et de grande fatigue m'intimidait. Et comme il semblait craindre le contact avec les autres passagers, je n'avais pas osé l'aborder. Sans doute a-t-il éprouvé le besoin de se confier, à l'approche du terme de son voyage. Un voyage sans retour, puisqu'il avait décidé de mourir au Congo, parmi ceux qu'il appelait « ses enfants ». Des enfants irresponsables et souvent cruels, mais sans malice, disait-il, face au cynisme et aux méthodes brutales des représentants de l'administration coloniale et des compagnies concessionnaires. Il avait participé avec enthousiasme aux premières expéditions pacificatrices pour constater, bien des années plus tard, que si l'on avait réussi à mettre un terme aux massacres entre les tribus, la barbarie avait changé de camp. Et la barbarie de ses compatriotes, sous le masque de la mission civilisatrice, mettait à mal son idéal généreux et naïf.

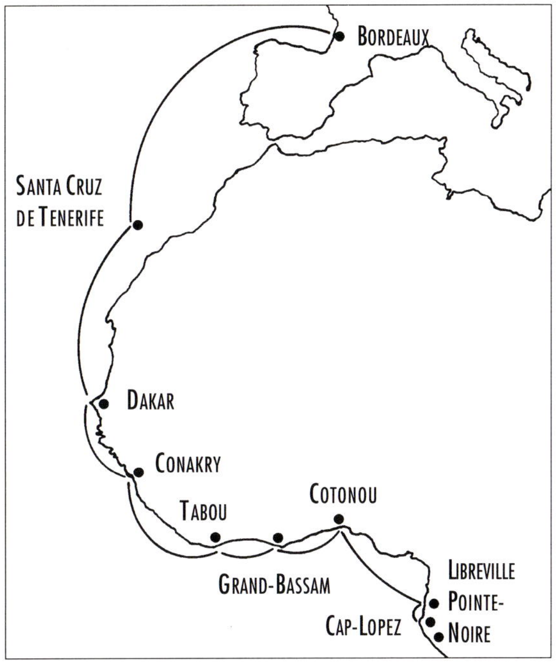

L'épreuve de la nacelle à Cotonou.

Tandis que le vieil humaniste tente de faire partager au jeune reporter de guerre son désir de retrouver une vie authentique et utile, parmi ses « sauvages », loin des calculs et des faux-semblants de la métropole, on approche de Grand-Bassam. C'est ici que, la plupart du temps, *Europe* et *Afrique* se croisent.

— A Grand-Bassam, raconte Toussaint, à cause du manque de tirant d'eau, le navire ne pouvait pas se mettre à quai. Alors, quand le temps le permettait, ceux qui voulaient descendre à terre subissaient l'épreuve de la nacelle. Les baleinières dansaient le long du flanc du paquebot et on y descendait en s'installant, quatre par quatre, dans une nacelle ressemblant à celles de nos manèges forains. Elle était suspendue à un filin manœuvré par une bigue du bord. Après avoir parcouru quelques brassées, on se trouvait à l'aplomb de la flèche d'une autre grue. Installée sur une jetée s'avançant dans la mer, elle proposait à nouveau sa nacelle aux passagers volontaires afin d'alléger les baleinières avant le franchissement de la barre. C'était un sacré sport.

Derrière le cordon littoral qui provoque cette barre, s'étend une sorte de mer intérieure très calme sur laquelle la compagnie des Chargeurs exploite une demi-douzaine de petits vapeurs. Ils ramènent vers Bassam, depuis tous les points de la lagune, l'acajou, les amandes et les huiles de palmier qui constituent l'essentiel des ressources du pays.

L'escale suivante est Cotonou, au Dahomey, où les aventuriers peuvent se risquer dans un débarquement en tout point identique à celui de Grand-

Bassam. Puis on quitte l'Afrique occidentale française pour l'Afrique équatoriale. *Europe* remonte l'estuaire du fleuve Gabon jusqu'à Libreville, cité verte envahie par la flore équatoriale.

— C'est d'*Europe* qu'en mars 1913, le docteur Schweitzer débarquait pour la première fois à Libreville, précise Toussaint.

Après cette escale, où sont descendus à leur tour les tirailleurs sénégalais, il ne reste que quelques passagers sur le navire qui reprend la haute mer, passe l'équateur et arrive, le soir même, à Cap-Lopez. Il rencontre les petits vapeurs *Alembe* et *Mandji* qui prennent courrier et marchandises pour tout le bassin du fleuve Ogooué, où l'exploitation forestière est florissante. Le paquebot retrouve à nouveau la haute mer et poursuit sa route jusqu'à Loango, tout près de l'enclave portugaise de Cabinda.

— *Europe* a été le dernier navire à faire escale à Loango. Ce port incommode sera bientôt remplacé par celui de Pointe Noire dont les travaux venaient de s'achever. On escalait ensuite dans le petit port de Banane, à l'entrée du fleuve Congo où le bateau s'engageait. Il cheminait entre les îles

En haut :* Le lancement *d'* Asie *qui prendra son service en 1914.

Ci-dessus :* Europe *dans le port du Havre.

Ci-contre :* Afrique *à quai à Matadi.

Une fois la barre franchie en nacelle ou en pirogue l'aventure ne faisait souvent que commencer. Des flottilles de petits vapeurs de la compagnie des Chargeurs réunis remontaient lagunes et fleuves (Ici à Grand-Bassam, en Côte-d'Ivoire).

en suivant les méandres du fleuve aux eaux rougeâtres. L'endroit le plus impressionnant, après le petit port portugais de Noki, était le passage du Chaudron d'Enfer. Deux falaises à pic resserraient le fleuve qui s'en échappait avec fracas. A cet endroit, le Congo a cent mètres de profondeur. Pas de risques de talonnage !

Peu après, c'est le terme du voyage : Matadi. Le port belge est situé au pied des rapides du fleuve. Impossible de remonter davantage, aussi ce terminus naturel est-il le point de transit forcé pour toute l'Afrique équatoriale. Les derniers passagers quittent là le bateau pour prendre le train conduisant à Kinchassa. De l'autre côté du fleuve, qui se transforme ici en une mer large de 40 km, se trouve Brazzaville. Un vapeur de la flottille des Messageries fluviales du Congo assure la traversée, et conduit en quelques heures devant la capitale de l'Afrique équatoriale française.

— A Brazzaville, où je rejoignais les officiers chargés de guider ma mission, je quittais mon ami missionnaire. J'avais promis de lui écrire mes impressions africaines, et je l'ai fait, longuement, pendant l'interminable voyage du retour, à bord d'*Afrique*. Je me suis souvent demandé si mon courrier lui était parvenu dans son coin perdu de brousse.

Quant à *Europe*, après quatre à cinq jours d'escale, il embarque des passagers éprouvés par les mois passés sous ces latitudes émollientes. Les « rentrants » comptent sur le séjour à bord de ce coin de paradis cinq-étoiles — celles de l'emblème des Chargeurs — pour se refaire un semblant de santé avant de toucher la France.

Europe sort indemne de la guerre, mais en janvier 1925 il s'échoue à trente milles de Lagos, à la suite d'une avarie d'hélice et de gouvernail. Il est remorqué à Dakar, puis à Bordeaux par le *Jouffroy-d'Abbans* et finit sa carrière dans les chantiers de démolition de Dunkerque, en 1930.

Son frère de ligne, *Afrique*, connaît une fin beaucoup plus dramatique. Le 11 janvier 1920, alors qu'il sort de la Gironde avec une tempête de sud-ouest, il est victime d'une avarie de machines. En difficulté dans l'ouest de la Coubre, le commandant prévient par radio la Marine nationale qui dépêche deux remorqueurs. Le paquebot *Ceylan* les devance. Il ne réussit pas à passer une remorque à *Afrique* mais l'escorte vers La Pallice. Malheureusement le navire des Chargeurs est drossé vers le plateau de Rochebonne où il s'éventre sur la coque d'un grand voilier aménagé en bateau-feu. Une voie d'eau se déclare. L'inclinaison du navire rend difficile l'évacuation des passagers. *Afrique* sombre à trois heures du matin, le 12 janvier, à la pointe de l'île de Ré. Le *Ceylan* recueille un canot et un radeau avec vingt-trois naufragés. Un autre radeau touche Saint-Vincent-sur-Jard, en Vendée, avec douze personnes, ce qui porte à trente-cinq le nombre de rescapés, sur cinq cent quatre-vingt-dix-neuf passagers. Au nombre des victimes, le commandant Pierre Le Du, Mgr Jalabert, évêque de Dakar, et cent quatre-vingt-douze tirailleurs sénégalais qui, après avoir combattu aux côtés des Français pendant le Grande Guerre, rentraient au pays.

1921

PARIS

L'enfant terrible des Années folles

A bord d'une superbe Torpédo, deux couples arrivent en catastrophe sur l'aéroport du Bourget. Quelques minutes plus tard, ils prennent place dans un inconfortable coucou d'une dizaine de places qui les dépose sur le terrain de Bléville, à proximité du Havre. Des limousines de la Transat les conduiront jusqu'au quai où les attend *Paris*.

Avant la guerre, ces jeunes privilégiés auraient pris le temps de savourer le prélude à la traversée procuré par les trains de luxe qui amènent leurs passagers jusqu'au quai d'embarquement, au pied de l'échelle de coupée. Aujourd'hui, le chemin de fer leur semble désuet. Aller vite, s'engager hardiment dans les temps modernes pour rattraper les années perdues, voilà leur credo. Toussaint lui-même, l'amoureux du « Versailles des mers », n'est pas mécontent que le dernier né de la Transat marque une rupture avec la Belle Epoque.

— *Paris* a été libéré par John Dal Piaz, le nouveau patron de la Compagnie transatlantique, de beaucoup des dorures et des lourdes magnificences qui avaient valu à *France* son renom. L'Art nouveau y faisait une apparition remarquée mais, comme la conception générale du navire datait de 1913, l'ensemble était un peu hétéroclite. Si bien que les avis des grincheux étaient très partagés. Les uns le trouvaient affreusement avant-gardiste, et les autres terriblement vieillot. *Paris* hésitait entre passé et avenir.

En ce début des années vingt, les jeunes femmes hésitent pareillement entre la tentation moderne de se coif-

12 septembre 1916.* Paris *est lancé en catastrophe afin de dégager la cale pour des constructions militaires. Autour du navire, la flottille des récupérateurs de suif et de saindoux utilisés pour graisser le ber de lancement.

A droite :
Paris *peint par Harry Hudson Rodmell.*

fer à la garçonne et la peur antique de perdre leur féminité. Sur ce bateau qui leur ressemble, on a le choix entre le style Art déco des cabines de seconde classe, conçues en 1919, et le genre palace 1900 des « première », pour lesquelles Toussaint semble marquer une préférence.

— Les bouquets traditionnellement déposés dans les cabines le jour de l'embarquement ne m'ont jamais paru plus éclatants que lorsqu'ils se détachaient sur les lambris d'essences sombres des « première » de *Paris*.

La tendance Art déco est particulièrement sensible dans le salon de première classe dont le raffinement des tons rosés doit beaucoup à un nouveau venu dans la décoration des paquebots, le grand sculpteur du verre René Lalique. L'immense salle à manger conserve l'architecture, les ors et les marbres chers à *France*, mais s'orne d'éléments Modern-Style que l'on retrouve, surtout, dans le grand hall central et le fumoir. Le ferronnier d'art, Edgard-William Brandt, qui décorera quelques année plus tard *Normandie*, y signe des rampes et des balustrades d'une grande finesse.

— Le pont-promenade, avec ses 130 mètres de long, offrait toutes les distractions de plein air possibles et la cuisine du chef alsacien, Lindhauer, était aussi réputée que celle du chef breton de *France*, Jean-Yves-Marie Leer. Deux innovations étaient tout particulièrement appréciées. Les pas-

1921
PARIS

sagers de *Paris* allaient au cinéma dans une salle spécialement aménagée à cet effet, alors que sur les autres navires les projections avaient lieu dans la salle à manger. *Paris* était aussi au rendez-vous de la nouvelle race des hommes d'affaire et des financiers, pressés de réaliser leurs bénéfices. Désormais « time is money », aussi disposaient-ils d'une salle de bourse leur permettant d'intervenir sur les marchés internationaux pendant la traversée.

Finie, périmée, la ségrégation des sexes qui réservait à la gent masculine fumoirs et bars, tandis que les dames papotaient dans le jardin d'hiver ou faisaient leur courrier dans la salle de lecture. Abolis, les ghettos de la salle à manger où le maître d'hôtel regroupait les dames seules à une même table. Quant aux jeunes filles, elles sont de plus en plus nombreuses à voyager sans chaperon. Elles ont envoyé par-dessus les moulins le corset, l'ombrelle et les grands principes de maman. Elles fox-trottent en jupette, flirtent, n'ont plus peur du soleil ni de croquer la vie à belles dents. La jeunesse dorée américaine qui découvrait avec ivresse le plaisir coupable de briser les tabous, adorait le nouveau paquebot de la French Line. Comme la capitale dont il portait le nom, *Paris* était la promesse d'une fête, le lieu où il fallait être pour se montrer « à la page », s'amuser, s'étourdir. Chaque matin sur le paquebot, on dévorait *L'Atlantique*, le quotidien du bord, pour s'informer des réjouissances de la journée et de la soirée. Le journal s'arrachait surtout le jour du départ, car on y trouvait la liste complète des invités. Chacun pouvait alors rêver de rencontres intéressantes, utiles ou frivoles, et tenter de réserver une table à proximité des célébrités que l'on souhaitait côtoyer.

Les Américains trouvaient à cette époque une raison supplémentaire de traverser l'Atlantique sur les deux grands liners français. Chez eux, le Volstead Act imposait le régime sec depuis 1919. Sur *Paris*, comme sur *France*, pas de prohibition !

Le lancement de Paris, le 12 septembre 1916 aux chantiers de Saint-Nazaire.

— Il est vrai que les Années folles ont été très arrosées sur les paquebots français, et sur *Paris* en particulier. Mais il ne faut pas croire que toute la carrière du navire s'est déroulée sur l'air de « dans la vie faut pas s'en faire ». *Paris* a donné à ses armateurs matière à s'en faire plus souvent qu'à leur tour.

Les mille et un avatars de la nouvelle star de la French Line commencent dès sa naissance. Enfant de la guerre, *Paris* est conçu en 1913 et voit le jour prématurément en 1916.

— C'est bel et bien un prématuré, se souvient Toussaint, que l'on sort de son berceau, le 12 septembre 1916, pour libérer la cale de construction de Penhoët, réquisitionnée comme tout le chantier. Remorqué en rade de Quiberon, il y a passé la période de guerre. On l'a vu réapparaître, au printemps de 1919, de nouveau à la traîne d'un remorqueur. A coup de primes au personnel, son achèvement a été mené tambour battant puisqu'il a assuré sa première liaison Le Havre-New York le 15 juin 1921.

La Grande Guerre finie, la Transat se lance dans un gigantesque effort de reconstruction de la flotte. La demande de trafic est énorme. Les paquebots ne sont pas assez nombreux pour repartir à la conquête du Nouveau Monde. Il est indispensable de produire des cargos par dizaines. Pour cela il faut de l'argent, des tôles et des bras. Les bras manquent : la guerre à fait des ravages. La loi de limitation du temps de travail à huit heures par jour et de nombreuses grèves freinent le rendement. Les tôles et le coke métallurgique sont exportés au compte-gouttes par les Anglais et les Américains. Quant à l'argent, dès 1915, la Compagnie avait constitué des réserves en prévision de l'époque de relance, mais la rupture des accords monétaires interalliés fait flamber la livre qui passe de 28 francs en 1919 à 67 francs en 1920.

Malgré l'accumulation des difficultés, la Transat parvient à investir massivement. Le chantier de Normandie, au Grand-Quevilly, met en construction deux cargos. Le Chantier de France à Dunkerque, un troisième. Les chantiers britanniques de Birkenhead, de Newcastle, de Glasgow, construisent une dizaine de navires de charge et de paquebots. Quant au chantier nazairien de Penhoët, il se consacre à l'achèvement de l'enfant chéri, *Paris*.

En dépit de sa croissance perturbée, le petit dernier de la Transat était devenu un grand et superbe liner. Mais alors que le frère aîné, *France*, avec ses grands airs de Roi-Soleil, n'a jamais donné de motifs d'inquiétude à sa famille, le cadet ne manque pas une occasion de se faire des bosses.

La série des quatre cents coups de *Paris* s'ouvre le 20 décembre 1922. En entrant au Havre, il aborde et endommage le cargo *Mississippi* qui appartient

1921
PARIS

La salle à manger des "première classe" occupe deux étages. Au fond, une fresque d'Albert Besnard.

5 juin 1921 : Paris quitte Saint-Nazaire pour rejoindre Le Havre.

à sa compagnie. En 1926, il heurte et coule un train de chalands dans le port de New York. La même année, au mois d'août, il heurte l'un des musoirs du bassin de marée du Havre et s'occasionne de graves avaries. Toujours distrait, deux mois plus tard, à l'entrée du Havre, il coule son remorqueur *Ursus,* faisant dix victimes.

— Le 16 octobre 1927, l'enfant terrible fait encore plus fort. C'est un cargo norvégien, le *Bessengen*, qu'il coule en l'abordant en rade de New York. Douze morts... Lui-même ne sort pas indemne de l'accident, ce qui lui donne l'occasion d'inaugurer la grande forme de radoub du Havre qui assure désormais l'entretien des grands navires, jusqu'alors obligés d'aller en Grande-Bretagne ou aux Pays-Bas pour se faire caréner.

L'année 1929, *Paris* met les bouchées doubles. Le 6 avril, il s'échoue sur un fond de vase à New York. Douze jours plus tard, perdu dans les brumes au large de Plymouth, il talonne des rochers. Enfin, le 19 août, au Havre, quelques heures avant de partir pour New York, un incendie le détruit en partie. Une opération de chirurgie lourde, à Saint-Nazaire, va lui donner une seconde jeunesse.

— C'est à cette occasion que ses cabines de luxe, dont on doublait le nombre, entraient franchement dans les temps modernes en adoptant les lignes cubiques des années trente. Le salon de thé était transformé en salle de bal. On l'avait équipé d'une audacieuse piste de danse sur miroirs et de piliers cylindriques en laque noire égayée par des tentures cyclamen. Un très agréable café terrasse, aux grandes baies vitrées ouvertes sur la mer, complétait le lifting. Les pionniers de la croisière découvraient un bateau comme neuf.

Heureuse coïncidence de l'offre et de la demande, une nouvelle clientèle, celle des touristes, apparaît au moment où les passagers traditionnels de la ligne Le Havre-New York se font plus

Projet de l'architecte Bouwens Van der Boijen pour la grande descente de Paris . Il sera sensiblement simplifié.

GRANDE · DESCENTE · DU
PAQUEBOT PARIS
HALL · D'ENTREE · AU · CENTRE · DU · NAVIRE

1921
PARIS

1921
PARIS

En haut :
Une cabine de "première classe".

Un salon de lecture.

Ci-contre :
Divertissements sur le pont.

11 juin 1921. Dans quatre jours c'est le premier départ du Havre. L'équipe des cuisines pose pour la postérité.

Page précédente :
Une passagère s'installe dans sa cabine de grand luxe.

1921
PARIS

rares. La crise américaine de 1929 porte un coup aux liaisons transatlantiques. De plus, dès 1924, la loi Johnson a limité l'immigration, privant *Paris* d'une catégorie non négligeable de ses passagers.

— Au début des années vingt, sur les 3 200 passagers que *Paris* pouvait embarquer, 1 100 étaient des immigrés. Pour répondre au marché, la Transat avait ajouté à ses paquebots de prestige des navires à classe unique plus spécialisés : *Chicago*, *Rochambeau*, *La Touraine*, *La Savoie*, *Roussillon*, *La Bourdonnais*, *Missouri*, *Kentucky*. En 1920, plus de 50 000 émigrants avaient voyagé sur les navires de la Transat, et autant en 1921. A l'époque, l'entrepont avait plus souvent fait la richesse des compagnies que les classes de première, mais ces temps étaient révolus.

Paris ***croise un "cunarder".***
Probablement **Mauretania,** ***détenteur du Ruban bleu depuis 1908.***

A partir de 1925, apparaît timidement le tourisme maritime. Avant, le bateau était un moyen de locomotion. Il est en train de devenir un lieu de villégiature. La grande époque des croisières commence en 1930. *Paris* se lance dans l'aventure en 1931 lorsque la chute du nombre des liaisons Le Havre-New York le laisse inoccupé.

— Plutôt que de mettre l'équipage au chômage pendant les périodes d'inactivité sur la ligne transatlantique, la compagnie préférait proposer des croisières. J'étais sur le bateau en 1931, lorsqu'il a fait les Bermudes, après sa cure de jouvence aux chantiers de Saint-Nazaire. Mais, en Méditerranée surtout, des unités récentes opposaient une concurrence sérieuse. En 1935, la Transat était obligée de désarmer *Paris* au Havre. En 1936, pour quelques mois, il reprenait du service sur l'Atlantique. Têtue, la compagnie décidait, au cours de l'hiver 1937, de le peindre en blanc pour le remettre sur le marché des croisières. Des affiches le représentant dans sa tenue immaculée annonçaient sa reconversion aux croisiéristes allemands. Mais il ne suffisait pas de lui offrir un costume d'été pour attirer les affaires. La Transat le comprenait juste à temps, et renonçait. C'est donc en noir qu'il réapparaissait épisodiquement sur l'Atlantique. En fait, je m'en rends compte aujourd'hui, le temps de *Paris* était révolu. *Ile-de-France* et *Normandie* avaient pris la relève.

Fidèle à son destin chaotique, *Paris* inscrit sa fin dans la longue liste des tragédies maritimes marquant l'actualité havraise. Nous sommes le 18 avril 1939. Les journaux ne parlent que de guerre probable et voilà qu'un événement éclipse, le temps d'une édition, les tractations internationales. *Paris* brûle dans le port du Havre. A 22 h 15, la veille de son départ pour New York, un incendie se déclare au pont C, dans la boulangerie. Un agent de sécurité donne immédiatement l'alerte. Les secours, en cette période de tension, sont en éveil permanent et ils interviennent rapidement. Mais, en quelques minutes, les foyers d'incendie se multiplient. On en signale au pont supérieur, dans le salon de coiffure, dans le grand salon. Des flammes et un nuage de fumée sortent du paquebot. Les sapeurs-pompiers de la ville, ceux de la Transat, le bateau-pompe *La Salamandre* déversent des tonnes d'eau. Les amarres, qui relient le bateau au poste 1 du quai Joannès-Couvert, se tendent. Vont-elles céder ? A 2 h 30, le pont-promenade est détruit, ainsi qu'un grand nombre de cabines. Mais l'incendie semble maîtrisé. Un marin, officier de sécurité du bord, Guy Sourdille, et un caporal des pompiers, Joseph Sténou, sont mortellement brûlés. Soudain, le vent redouble sur la ville, l'incendie reprend de plus belle. Des grues sortent en hâte une partie du fret entreposé dans les cales, et particulièrement des caisses d'objets d'art qui devaient être exposés dans le pavillon français de l'Exposition internationale de New York. Les lances des pompiers déversent des torrents, le navire, chargé d'eau, prend de la gîte sur bâbord. L'une après l'autre, les amarres cèdent et bientôt le bateau se couche sur le flanc.

Après *Georges-Philippar* et *Lafayette*, c'est le troisième navire en quelques mois à être détruit par un incendie. La presse, comme elle l'avait fait à la suite de la disparition d'Albert Londres dans l'incendie de *Georges-Philippar*, lance une campagne d'interrogations. « On nous l'a tué, mais qui ? » écrit l'un. « C'est un crime, il mérite un deuil national », dit un autre. Tous réclament des têtes. M. Chappedelaine, le ministre de la Marine, prend personnellement l'enquête en main. La thèse de la bombe incendiaire paraît la plus probable, d'autant qu'on dit en avoir trouvé une autre à bord de *Normandie*, en arrêt technique dans la grande forme toute proche. Deux suspects sont arrêtés, dont un Italien. Ils sont rapidement mis hors de cause et il faut se rendre à l'évidence. Le fourneau à charbon d'un ouvrier pâtissier, occupé à faire des gâteaux, est à l'origine de l'incendie qui s'est ensuite propagé par les gaines de ventilation.

Dans le port du Havre, l'épave du paquebot détruit par un incendie.

Après la guerre, l'épave est découpée, pour être vendue aux ferrailleurs, en quatre tronçons de 2 500 tonnes chacun.

Mais, comme par un ultime caprice, le dernier segment coule le 5 août 1950, au cours de son transfert, à l'entrée de la forme de radoub. Il faut un mois et demi pour le renflouer et le conduire en cale sèche. Toujours l'enfant terrible !

— Lorsque *Paris* a brûlé dans le port du Havre, j'étais chez ma mère en Bretagne, se souvient Toussaint. La pauvre vieille qui était devenue presque sourde n'a pas compris la nouvelle que diffusait la radio, mais en voyant mon air bouleversé elle a cru que la guerre était déclarée.

Toussaint réfléchit quelques instants pour trouver les mots propres à me faire partager son émotion d'alors.

— Ce n'était pas encore le début de la guerre, mais c'était bien la fin d'une époque. Dans ma tête, *Paris* était toujours le petit dernier de la Transat, l'enfant terrible des Années folles, toute la belle insouciance d'une jeunesse dorée qui brisait les tabous sans craindre les bobos. Je ne l'avais pas vu vieillir...

1932
GEORGES-PHILIPPAR
Le cercueil d'Albert Londres

Lorsqu'en 1932 Toussaint découvre *Georges-Philippar* à Marseille, il croit voir un navire inachevé. Les Messageries ont décidé d'étonner ! Un paquebot, jusqu'alors, c'était avant tout de hautes cheminées cylindriques crachant d'autant plus de fumée que le bateau était puissant. Eh bien ! *Georges-Philippar*, orgueil de la flotte de commerce d'Extrême-Orient, n'a pour ainsi dire pas de cheminées.

— Les gaz de combustion du mazout s'échappaient par deux espèces de caissons carrés dont la hauteur ne dépassait guère celle de la passerelle. Et attention, précise Toussaint, ce paquebot n'était pas n'importe quel navire mais un « nautonaphte ». Le président des Messageries, Georges Philippar, qui donnait son nom au bâtiment d'avant-garde, avait inventé ce mot pour désigner la nouvelle série de bateaux propulsés par des moteurs. C'était une révolution technique. L'extension des lignes vers l'Extrême-Orient et l'océan Indien contraignait jusqu'alors les armateurs à avoir du coke en stock, comme dirait le capitaine Haddock, à Aden, Colombo, Saigon, Diego-Suarez, Tamatave, la Réunion, Nouméa, Papeete. Les frais d'exploitation étaient énormes et les hommes chargés du transbordement travaillaient comme des forçats. Le mazout dispensait de ces corvées à répétition.

La France d'outre-mer commence à faire eau. En 1930, Ho-Chi-Minh crée le parti communiste d'Indochine auquel adhèrent coolies de Cochinchine, ouvriers et petits paysans du Tonkin. Des grèves éclatent dans les plantations du sud, à Haiphong. Le monde de l'au-delà de Suez bouillonne. Qu'importe ! Paris s'offre la somptueuse vitrine de l'Exposition coloniale dont le clou est une reconstitution du temple d'Angkor. Les cigales françaises refusent d'envisager les lendemains douloureux du krach de 1929 en rêvant d'exotisme. Leurs eldorados ont pour noms Chandernagor, Pondichéry, Shangai, Saïgon, lieux de merveilles et de maléfices qu'on gagne, portés par les paquebots des Messageries. Justement, elles mettent en service trois nouveaux palaces : *Félix-Roussel*, *Georges-Philippar* et *Aramis*.

29 janvier 1932.
Georges-Philippar ***fait son entrée à Marseille.***

Page de droite :
Félix-Roussel, ***sister-ship*** **de Georges-Philippar.**

Le 26 février 1932, Toussaint Guillevic embarque à Marseille pour le voyage inaugural qui sera aussi le dernier de *Georges-Philippar*. Le commandant Vicq est inquiet. Des rumeurs laissent croire que le navire transporte des armes vers le Japon, en guerre avec la Chine. Peu après le départ, le radio reçoit un message l'avertissant qu'une bombe a été placée à bord. A Port-Saïd le bateau reste sur rade et les bagages sont fouillés. On y découvre effectivement des explosifs de forte puissance. Mais les six cents passagers ne se doutent de rien.

Pour cette première traversée, *Georges-Philippar* a fait le plein de voyageurs. Bon nombre d'habitués de la ligne ont même retardé leur départ pour être de la fête. Quant aux invités de la compagnie, ils envisagent ce voyage comme un long conte de fées. Il ne s'agit pas d'une traversée de cinq ou six jours Le Havre-New York, mais d'une croisière au long cours de trois mois qui conduit, de réjouissances à

1932
GEORGES-PHILIPPAR

bord en escales prolongées, jusqu'à Yokohama et retour à Marseille.

— Alors que le sister-ship *Félix-Roussel*, voué à l'art khmer, était une sorte de temple d'Angkor flottant, souvenir de l'Exposition coloniale, *Georges-Philippar* évoquait plutôt les châteaux de la Loire. Les suites réservées aux privilégiés résumaient à elles seules l'histoire de l'art décoratif français. Au pont D, se trouvaient quatre cabines de grand luxe. Deux à bâbord, l'une de style Restauration, l'autre de style moderne. Deux à tribord, style Directoire et style Louis XV. Au pont C, deux magnifiques appartements ; le Louis XVI et l'Empire. Ces appartements et douze autres cabines de prestige du pont D disposaient de véritables balcons sur la mer.

Les escales se suivent selon le calendrier prévu. Djibouti, le 7 mars, Saigon le 22. Le 1er avril, aux abords de Shanghai, sur la rivière du même nom, un incident met les passagers au contact des affrontements sino-japonais. Les obus envoyés par les contre-torpilleurs de la marine japonaise, qui bombardent le faubourg de Chapeï, passent en sifflant au-dessus du navire.

— Soudain, le timonier de quart eut dans les mains une roue folle. La barre électrique avait cessé de fonctionner. Entraînés par le courant, nous coulons deux jonques chinoises dont les occupants sautent dans l'eau comme des grenouilles. Le paquebot continue sa dérive jusqu'à toucher l'un des contre-torpilleurs japonais dont les hommes, gesticulant sur le pont, tentent de repousser, à l'aide de méchantes

La décoration de Félix-Roussel rendait hommage à l'art khmer, et plus particulièrement au temple d'Angkor.

perches en bambou, la gigantesque masse qui les menace. Le maître d'équipage met fin à la panique en faisant actionner par deux timoniers l'énorme barre à bras de secours. Presque aussitôt d'ailleurs, pour une raison aussi mystérieuse que celle qui a provoqué la panne, la barre électrique se remet à fonctionner et nous reprenons le cap. Ce premier signe de défaillance du système électrique sera largement commenté après le drame.

Pour Toussaint, la décision a été prise avant le départ : son voyage sur *Georges-Philippar* s'arrête à Shangai. Il veut se donner le temps d'enquêter sur la guerre civile chinoise et les réalités de l'expansionnisme japonais dont les échos ne parviennent en France qu'assourdis. Il retrouve dans ce port plusieurs confrères : Champly, du *Temps*, Pierre Herbard et Andrée Viollis du *Petit Parisien*, et croise Albert Londres de *L'Excelsior* qui, après quelques hésitations, a décidé de rentrer en France sur le nouveau paquebot des Messageries. Il ramène, dit-il, un fameux reportage sur les interventions bolchéviques dans les affaires chinoises.

Le commandant Vicq, averti qu'Albert Londres sera désormais du voyage, met à sa disposition les cabines de luxe 32 et 34, à tribord sur le pont D. Le reporter vedette embarque in extremis. Les marins s'apprêtent à retirer la passerelle quand apparaît, au bout du quai, un bonhomme ventru, soufflant et suant. Un dîner bien arrosé, pris en compagnie d'une bande de joyeux officiers de la Coloniale, a bien failli faire

29 janvier 1932.
Le paquebot fait son entrée à Marseille. Dans quelques jours il quittera le port pour son premier et dernier voyage.

oublier à ce grand journaliste l'heure de son dernier départ.

La mort tragique d'Albert Londres dans l'incendie de *Georges-Philippar*, Toussaint n'en a donc pas été le témoin direct. Ce qui ne l'empêche pas de me raconter, comme s'il l'avait vécue, la suite du voyage et les circonstances du sinistre, grâce au journal de bord d'un tout jeune membre d'équipage.

— Hervé Froment occupait l'emploi de secrétaire sténodactylo, au service du commandant Vicq et des passagers de « première ». A peine dix-sept ans ! Il était ébloui par le luxe du navire et fasciné par la découverte de ces contrées dont il profitait au maximum à chaque escale. Aussi souvent que ses occupations et les miennes nous le permettaient, nous échangions nos impressions. Je retrouvais à travers lui mes premiers émerveillements, et il voyait en moi le bourlingueur qu'il rêvait de devenir. A Shangai, nous nous sommes promis de nous revoir pour parler de nos pérégrinations respectives, moi de mon séjour en Chine, lui de la poursuite du voyage sur *Georges-Philippar*. Je ne pensais pas alors que son récit serait plus mouvementé que le mien.

Après les émotions de Shanghai, le voyage reprend pourtant son caractère idyllique. Deux jours dans la mer intérieure du Japon, entre des collines couvertes de cerisiers en fleur, et c'est Yokohama, dernière étape avant de remettre le cap sur Marseille. Quarante-huit heures d'escale permettent aux touristes de se rendre à Tokyo admirer les murailles du palais impérial, tandis que les passagers du retour s'apprêtent à goûter les délices promis par les Messageries.

Le 17 avril à 7 heures c'est le départ, après des au revoir aux allures de carnaval : « Orchestre sur le quai... note le jeune ami de Toussaint dans son journal de bord. Des centaines de rubans multicolores relient les passagers à leurs amis restés à terre. Notre orchestre répond à celui du quai. Le 2 mai, à Saigon, nous embarquons les " rentrants " d'Indochine. Ce sont des gens heureux de retourner en France, après un long séjour à la colonie. Parmi eux, une religieuse, sœur Simplicité, avec quatre-vingts enfants qui courent sur les ponts et raffolent des représentations de guignol. A part deux réservations pour Singapour et Colombo, nous affichons à nouveau complet jusqu'en France.»

A l'escale de Colombo, Hervé Froment a le temps d'aller boire un verre avec un ami d'enfance, agent local des Messageries. Il écrit dans son journal de bord : « Nous allons au Gall Face, le célèbre hôtel décrit par Francis de Croisset dans sa *Féerie cinghalaise*, et nous revenons tranquillement à pied, par la route qui longe la mer, parmi les flamboyants où jacassent des milliers de corneilles. Mon ami me raconte une vieille légende hindoue qui dit que lorsque les corneilles quitteront Colombo, l'île s'engloutira sous les flots. »

Le temps est beau, *Georges-Philippar* navigue sur une mer d'huile en direction de Djibouti. Le secrétaire du commandant et des passagers de « première » a le temps de noter ces observations faites au petit matin : « Des centaines de poissons volants fusent de tous côtés comme des balles traçantes, tandis que des dauphins font la course avec nous, sautant et cabriolant devant l'étrave, pour ensuite, lorsqu'ils sont fatigués, se laisser couler comme des cailloux blancs et bruns dans l'eau limpide... »

Dans la matinée, le jeune homme croise le charpentier du bord qui remonte des cales où il vient de visiter ses pièges à rats. Suivant un vieil usage, le bonhomme touche une prime qui varie selon le nombre de queues présentées chaque jour au capitaine d'armes. Le secrétaire note cette scène : « Il est furieux et me dit :

— Je n'y comprends rien. Voilà deux heures que je visite mes pièges, et pas un rat !

— Ils dorment encore, retournes-y après la soupe, lui dis-je en riant.

L'après-midi, je le vois remonter encore plus furieux que le matin, plus inquiet aussi.

— Tu sais, fils, pas un seul encore ce soir... En vingt ans de navigation, je n'ai jamais vu ça... ma parole, ils sont tous descendus à Colombo.

Et moi de plaisanter :

— Ton lard était trop rance, charpentier, tu les as dégoûtés, ils sont partis.

Alors, il me regarde drôlement, et hoche la tête :

— Si les rats sont partis, fils, que Dieu nous garde... »

L'inquiétude du charpentier n'impressionne qu'un instant le jeune Hervé qui va dîner tranquillement et s'apprête, tant il fait chaud, à coucher à la belle étoile sur une natte en paille de riz achetée à Saigon. Il s'endort vers 21 heures, en dépit des flonflons. Ce soir, 15 mai 1932, il y a fête à bord : un grand bal masqué donné au profit des œuvres de mer. A la fin de la soirée, le commandant remettra des cadeaux aux Denise, dont c'est la fête.

Albert Londres a passé la soirée à jouer aux cartes dans l'appartement des Lang-Villar. Albert Lang-Villar, ami de longue date du journaliste, lui a servi de guide dans les milieux de la finance à Shangai. L'homme d'affaires, qui représente l'armement Louis Dreyfus à Buenos Aires, s'apprête à ouvrir une filiale chinoise pour s'introduire dans le marché du soja en Mandchourie. Vers 1 h 30, Albert Londres quitte ses amis pour rejoindre sa cabine.

Une demi-heure plus tard environ, à cause de la dureté du pont, Hervé Froment est réveillé par une douleur dans

Dans la nuit du 15 au 16 mai 1932, c'est la catastrophe. Un incendie détruit le navire. Sur les 815 passagers 60 trouvent la mort... dont le reporter Albert Londres.

le dos. En s'approchant du bastingage, il aperçoit, vers l'avant, une lueur.

— Tiens, dit-il à un matelot qui s'était aussi réveillé, les passagers font brûler des feux de Bengale...

Je n'ai pas fini de parler, note Hervé, que les sonneries d'alarme incendie éclatent de tous côtés, bientôt suivies de hurlements. »

Dans la panique qu'il entend plus qu'il ne la voit, car la nuit est trop noire, le jeune homme essaie de rejoindre le poste d'incendie qui lui a été attribué au cours des exercices de sécurité. La coursive est pleine de fumée et de gens qui courent. En passant près de lui, le maître d'équipage lui crie en désignant l'intérieur du navire :

— Ne va pas là-bas, tu n'en ressortirais pas.

— Pour que lui me dise ça, remarque Hervé, c'est que c'est très grave. Que s'est-il passé ?

A 1 h 35, le second capitaine, M. Paoli, était réveillé par une sonnerie d'alarme, installée dans sa cabine pour le prévenir de toute tentative d'entrée dans les soutes. Il y descend en compagnie de l'officier de marchandises. Rien d'anormal. Pourtant, si l'alarme s'est déclenchée, c'est qu'il y a eu rupture du circuit.

Au même instant, Mme Valentin, qui occupe la cabine de luxe n° 5, à bâbord du pont D, rentre chez elle. Elle constate que la lumière baisse et entend un crépitement. Elle appelle le veilleur de nuit qui part à la recherche de l'officier électricien. Les minutes passent. Mme Valentin voit soudain de la fumée s'échapper d'une cloison. Elle ferme sa cabine, part à son tour à la recherche de l'officier de quart et rencontre le commandant en second qui remonte des soutes avec le premier lieutenant. Lorsqu'ils arrivent à la cabine n° 5, elle est en flammes. Averti par l'officier de quart, le commandant Vicq déclenche alors l'alerte générale.

1932
GEORGES-PHILIPPAR

Hervé Froment raconte :« Le feu se propage à une vitesse effrayante. Il court le long des installations électriques, prend aux boiseries recouvertes de vernis. Le contre-plaqué des cloisons éclate, les flammes sortent des planchers, les plafonds s'effondrent. En quelques minutes, la coursive du pont D est un immense brasier. Le commandant fait lancer deux SOS, pas davantage car le poste radio s'enflamme à son tour. Des cris affreux parviennent des cabines de « première » cernées par les flammes. Beaucoup de passagers qui ne peuvent fuir par la coursive en feu se jettent à l'eau, certains avec leurs enfants dans les bras. »

Un homme hurle : « Au secours, sauvez-moi, je brûle. » L'officier mécanicien Sadorge qui se trouve au-dessus des cabines de luxe se penche au bastingage et distingue vaguement une tête barbue. Par le hublot de la cabine, l'homme crie que sa porte est bloquée par les flammes. « Sautez à la mer, il y a des canots de sauvetage » lui ordonne l'officier. « Non, je ne veux pas. » « Sautez ! » « Non, pas question ! » Sadorge regarde rapidement autour de lui, découvre une manche d'incendie qui n'a pu être mise en service et la jette par dessus le bastingage. La manche se tend ; le passager s'y est donc agrippé. Sadorge tire pour le hisser, mais le tuyau se détend brusquement. A son extrémité, il n'y a plus personne. L'homme est-il tombé à l'eau après avoir lâché prise, ou se trouve-t-il, asphyxié, dans sa cabine ?

— Je crois bien que c'était Albert Londres, murmure, atterré, l'officier mécanicien.

C'était lui, en effet, et les tenants de la thèse de l'attentat se souviendront qu'il avait promis des révélations sensationnelles sur le rôle de l'Union soviétique. Cette hypothèse se trouvera renforcée du fait que les Lang-Villar, qui avaient été ses seuls confidents au cours du voyage, trouveront également la mort, aussitôt après avoir échappé à l'incendie. L'avion qu'ils avaient affrété pour rentrer le plus vite possible en France s'écrasera, non loin de Rome.

Le cauchemar continue. Quelques canots ont été mis à la mer, mais les seize baleinières du pont supérieur et les embarcations à moteur sont inaccessibles. Il y a de plus en plus de monde sur le pont arrière, des gens égarés, dévêtus, blessés. C'est encore la nuit, mais maintenant on voit clair : toute la partie centrale du navire, soit plus des deux tiers, s'est transformée en brasier. A l'infirmerie, le docteur Guibert et son équipe ne peuvent faire face. Le jeune Hervé Froment s'y trouve au moment où se présentent des infirmiers chargés de deux corps noirs : « Cela me surprend car, en dehors des boys annamites, nous n'avons pas d'hommes de couleur sur le bateau. C'est au moment où on les dépose sur les couchettes, que je reconnais deux jeunes filles françaises, les sœur Rouvre, des passagères de " première ". Elles mourront dans la nuit. »

Quatre canots sont maintenant à la mer, chargés de femmes et d'enfants. Sur le pont, on respire un peu mieux et on examine la situation. Il est clair que le navire est perdu ; reste à savoir combien de temps il flottera encore. La mer est infestée de requins ; sauter à l'eau serait un suicide, puisqu'il ne reste pas d'embarcations disponibles. D'autant plus que la côte est loin. Le phare du cap Guardafui dont on aperçoit au loin le feu rouge se trouve à environ huit kilomètres. Pour ajouter à l'angoisse, des rumeurs alarmantes circulent sur la région. « On la dit peuplée de tribus cannibales qui auraient dévoré les gardiens du phare à plusieurs reprises, note Hervé Froment, et les Italiens ont d'ailleurs fini par mettre un feu automatique. »

L'équipage sait, en revanche, que l'endroit est situé au croisement de routes maritimes très fréquentées et que si les SOS ont été entendus, des navires sont en route pour secourir *Georges-Philippar*. Les conversations sont interrompues par une explosion sourde. Une des deux cheminées vient de s'effondrer. « Pourvu que les soutes à mazout ne sautent pas », dit quelqu'un. Elles contiennent du carburant pour aller jusqu'à Marseille ! Hervé Froment et quelques camarades entreprennent de construire un radeau avec les tables du réfectoire, tandis que le grondement des flammes se rapproche et que le sol du pont commence à chauffer les pieds. On en conclut que le feu a dû prendre dans les cales.

Il est presque 4 heures lorsque, de la mer, retentit un appel. On se bouscule vers le bastingage pour apercevoir, sur l'eau noire, un minuscule youyou dans lequel un homme crie quelque chose que le vent emporte. Plus loin, des feux de position apparaissent, à environ deux milles. Un bateau ! Quelques minutes plus tard, l'espoir se précise avec la naissance de l'aube : « Un superbe pétrolier, écrit Hervé, stoppé maintenant à moins d'un mille, et que nous avions dépassé la veille. Il avait dû forcer ses feux pour venir à notre aide. Près de moi, impeccable comme toujours dans sa soutane noire, le supérieur de l'Ecole des aveugles d'Hanoi, aveugle lui-même, égrène son chapelet. »

Chacun à sa façon remercie le ciel, en attendant l'évacuation. A 6 heures, arrivent les cargos anglais *Mashud* et *Contractor*, ainsi que le paquebot japonais, *Hakone Maru*. Trois heures plus tard, Hervé Froment prend place dans l'avant-dernier canot qui emmène une partie de l'état-major sur le pétrolier. Il notera plus tard : « Avant de grimper à bord, nous lisons son nom dont les lettres de cuivre brillent sur l'étrave

1932
GEORGES-PHILIPPAR

grise : *Sovietskaia Neft.* Ainsi notre sauveur est un russe. C'est avec une grande curiosité que je monte à son bord. Comment allons-nous être accueillis par les membres de l'équipage, nous qui représentons le capitalisme que leurs dirigeants leur ont appris à haïr ? En réalité, nos camarades soviétiques nous attendent souriants et les bras tendus. Que soient remerciés du fond du cœur ces braves marins et leur capitaine qui, en dépit de l'interdiction formelle à tout pétrolier de s'approcher à plus de deux milles d'un navire en feu, n'ont pas hésité à nous porter secours. »

Sur les 815 passagers et membres d'équipage de *Georges-Philippar*, une soixantaine ont trouvé la mort. C'étaient pour la plupart des passagers de première classe. Leur couloir se prolongeait par celui des « troisième ». Pour assurer leur tranquillité, le veilleur de nuit fermait la porte de communication, et conservait la clé... Ils ont trouvé, d'un côté une coursive en feu, et de l'autre cette porte close. Ainsi, ces passagers trop protégés se sont-ils trouvés faits comme des rats.

Le courage de l'équipage du pétrolier qui, jusqu'à la fin, est resté au plus près de *Georges-Philippar* en flammes, n'a pas empêché ceux qui parlaient d'attentat et de sabotage de s'interroger sur la présence d'un bateau russe dans les parages. Une incroyable polémique s'en est suivie dans la presse de l'époque. En réalité, les techniciens du navire ont reconnu que le système électrique de *Georges-Philippar* était défectueux. Les câbles de 220 volts et ceux de 24 volts alimentant les sonneries couraient dans les mêmes brassées. Le moindre contact entre deux parties dénudées — et les vibrations du moteur Diesel fatiguaient sérieusement les installations — provoquaient des courts-circuits qui portaient à incandescence les fils de 24 volts sur d'importantes longueurs. Les boiseries, peintures, vernis n'étant pas ignifugés, un fort échauffement des fils pouvait suffire à y mettre le feu.

Le commandant Vicq interrogé par un reporter sur le* Georges-Voiron *lors de son retour à Marseille
Sur les quais de Marseille on attend impatiemment* Comorin, *de la Peninsular and Orient Line qui ramène des rescapés.
***D'autres rescapés, comme ceux du groupe ci-dessus, ont regagné la France sur* Durham Castle.**

Les fameuses révélations promises par Albert Londres ont gardé tout leur mystère. Toussaint est persuadé que si le grand reporter n'a pas réussi à s'arrimer à la manche à incendie qui lui était tendue, c'est parce qu'il s'était encombré de ses précieux documents, et qu'il avait refusé de sauter à l'eau de peur de les voir détruits.

— Il paraît que pendant l'exercice d'alerte, effectué quelques jours auparavant, il avait provoqué l'hilarité des passagers en se présentant chargé comme un mulet de contrebandier d'appareils photo et de sacoches. Mon jeune ami Hervé a été plus sage. Il a abandonné sans hésiter toutes les merveilles qu'il avait achetées aux escales.

Mais à travers la description pudique qu'en fait le tout jeune homme, dans son journal d'un voyage exceptionnel à tant de titres, on sent bien l'importance de ce crève-cœur.

« Je suis allé, au début de l'alerte, dans le poste d'équipage, écrit Hervé Froment, chercher la ceinture de sauvetage accrochée à ma couchette. En ouvrant mon armoire, j'ai dit adieu à tous les souvenirs que je rapporte du Japon, kimonos brodés, pièces de soie blanche, fines statuettes d'ivoire, et même ma belle boîte en laque, pleine de thé Lipton, achetée si peu de temps avant, à Colombo... je n'ai même pas remis le cadenas sur la porte... à quoi bon. En cas de naufrage, personne n'a le droit d'emporter de bagages. Il n'y a pas trop de place sur les canots... »

1933
L'ATLANTIQUE

Les Champs-Elysées sur la route du Brésil

Quand le blues l'envahit, Toussaint se plante, pipe au bec, sur sa terrasse qui domine la baie de Paimpol et regarde l'horizon. C'est à une centaine de kilomètres d'ici, plein nord, que dans la nuit du 4 au 5 janvier 1933 un incendie détruit *L'Atlantique*.

— Je n'avais aucune raison sérieuse de me trouver sur le navire cette nuit-là, commence Toussaint, et pourtant, j'y étais.

Le plus prestigieux des paquebots de la compagnie Sud-Atlantique quittait Bordeaux, son port d'attache, pour se rendre au Havre où il devait subir un carénage. Aucun passager n'était à bord et l'équipage avait été réduit à 229 hommes, un tiers du nombre habituel.

— J'avais dîné, quelques semaines auparavant, avec dss officiers de *L'Atlantique* qui étaient devenus des amis au cours de la traversée inaugurale de septembre 1931. A la fin du repas — bien arrosé — ils avaient parié qu'ils me convaincraient de leur tenir compagnie pendant ce voyage qui était pour eux une corvée. J'avais accepté par amitié, mais aussi par curiosité de découvrir l'ambiance d'un paquebot géant désert. Je serai en quelque sorte son unique passager, comme ces stars américaines dont j'ai entendu dire qu'elles se permettent de louer, pour leur seul usage, les endroits fabuleux d'aujourd'hui. Cette idée me séduisait d'autant plus, qu'après *France* ,*L'Atlantique* était mon paquebot préféré.

En tant que vieil habitué de la compagnie, Toussaint obtient facilement l'autorisation d'embarquer.

Construit par les Chantiers de Saint-Nazaire, ce navire de 226,70 mètres de longueur jaugeait 42 512 tonneaux. Son équipage était constitué de 663 personnes et il pouvait accueillir 414 passagers de première classe, 158 de deuxième et 584 de troisième.

Page de droite : Cette affiche réalisée en 1931 est l'une des œuvres les plus célèbres de Cassandre.

— Nous avions quitté Bordeaux dans l'après-midi et, autour de quelques bières, nous cherchions en vain à retrouver la gaieté de notre dernier rendez-vous. Mais le cœur n'y était plus. Sur ce bateau que j'avais connu bruissant d'une vie brillante et souvent exubérante, le silence avait quelque chose de glaçant.

Pour tenter de dégeler l'ambiance, Toussaint raconte sa première rencontre avec *L'Atlantique*. C'était fin avril 1930, à l'occasion d'un lancement mémorable à Saint-Nazaire.

— Ceux d'entre vous qui y étaient s'en souviennent sûrement, toutes les personnalités étaient déjà arrivées, Louis Rollin, le ministre de la Marine marchande, mais aussi de nombreux ministres et ambassadeurs du Brésil, d'Uruguay, du Paraguay, d'Argentine, de Bolivie, d'Espagne, du Portugal... lorsqu'on apprend que le lancement est reporté au lendemain, à cause du mauvais temps.

Comme le dit si bien la presse de l'époque, ce retard ne nuit pas à l'éclat de la cérémonie. Preuve que l'événement est considérable, les discours sont retransmis par TSF à Rio de Janeiro et à Buenos Aires.

— Il faut dire qu'avec ce paquebot, la Compagnie de navigation Sud-Atlantique frappait un grand coup dans le secteur des liaisons avec l'Amérique du Sud où la concurrence était aussi vive que sur les lignes de l'Atlantique Nord. La situation économique n'était guère

1933
L'ATLANTIQUE

180

1933
L'ATLANTIQUE

En haut à gauche :
14 avril 1930.
Le navire sur cale la veille de son lancement.

En haut à droite :
15 avril 1930.
L'Atlantique touche l'eau de l'estuaire de la Loire.

Ci-contre :
Les quatre hélices du paquebot étaient mues par des turbines à engrenages développant 50 000 Ch.

Page de gauche :
La première cheminée est posée le 12 mars 1931.

1933
L'ATLANTIQUE

Le salon ovale.

porteuse, mais chaque compagnie se devait de proposer aux clients le plus beau bateau. Sur la ligne Le Havre-New York, la Transat exploitait le superbe *Ile-de-France* et mettait en chantier le T6, code discret pour désigner, sur le carnet de commande, le futur *Normandie*. Et les Chargeurs réunis qui, depuis la guerre, avait pris le contrôle de Sud-Atlantique, faisaient un pari risqué sur l'avenir en construisant cet orgueilleux *Atlantique*.

Pari tenu, le paquebot est rapidement le roi incontesté des lignes Europe-Brésil-La Plata. La France est d'ailleurs maintenant bien représentée sur cette liaison où la compagnie exploite aussi les luxueux *Massilia* et *Lutetia*.

— Par son architecture *L'Atlantique* était peut-être plus moderne que *Normandie* qui sera mis en service quatre ans plus tard. Architectes et décorateurs n'avaient pas été choisis au hasard. C'est un maître de l'époque, le décorateur Albert Besnard, qui avait remporté le concours lancé par la compagnie. Il était secondé par des architectes très réputés : Patout, Raguenet et Maillard.

Les murs du hall d'embarquement sont de marbre blanc souligné par des moulures et des pilastres de métal argenté, alternant avec des lambris en noyer du Caucase. Au plafond, haut de neuf mètres, est sculptée une carte de l'Atlantique Nord et Sud qui permet de suivre la marche du navire. La situation de la salle à manger de première classe rompt avec les habitudes. On l'a placée sur les ponts supérieurs et ses sabords de plus de six mètres de haut donnent, de chaque côté, sur une coursive extérieure qui inonde de lumière des murs tapissés de loupe d'acajou verni.

Par l'escalier d'apparat, on gagne directement le grand salon dont les marbres roses et verts sont éclairés par douze fenêtres de sept mètres, en

En haut :
Le grand salon des "première classe".

En bas :
La piscine dessinée par les architectes Hennequin et Lardat.

vitres aurées de Saint-Gobain. La piste de danse occupe la majeure partie de cette véritable salle des fêtes de 500 m^2, qui donne directement sur le pont-promenade. Le salon de conversation n'est que panneaux de palissandre verni, rehaussés d'une frise en laque. Un restaurant est entièrement recouvert de laque de Chine.

— Tout était laqué ou vernis. C'était beau, élégant, raffiné, mais, reconnaît Toussaint, ces matériaux éminemment inflammables ont précipité la catastrophe. Je n'ai jamais su quelle avait été la cause exacte de l'incendie — probablement un court-circuit comme sur *Georges-Philippar* — mais il fallait voir à quelle vitesse le feu s'est propagé.

Cette digression permet à Toussaint de reprendre le fil du récit de son dernier voyage sur *L'Atlantique*.

— Puisque je n'étais pas gêné par les passagers, je m'étais promis de revoir en détail les lieux les plus fameux du navire, à commencer par la célèbre rue principale, le clou des innovations du paquebot. C'est ce que j'entrepris de faire, appareil photo en bandoulière, le soir après dîner. Curieuse ambiance. Les boutiques fermées et le maigre éclairage donnaient à l'artère la plus élégante du paquebot des allures de coupe-gorge.

L'utilisation de l'espace intérieur sur *L'Atlantique* est tout à fait nouvelle. D'ordinaire, les locaux de chauffe, situés à fond de cale, et les cheminées sont reliés par d'énormes canalisations qui montent verticalement, en suivant l'axe médian du navire. Cette fois, ingénieurs et architectes ont imaginé de remplacer ces conduites centrales par deux jeux de gaines latérales qui ne se réunissent qu'à la base des cheminées, à la hauteur du pont supérieur. De cette façon, au cœur du navire, qui est la partie la plus stable, sont dégagés de vastes espaces, en particulier le hall

Dans des appartements de luxe.

1933
L'ATLANTIQUE

En haut à gauche : Dans une cabine de première classe.

En haut à droite : Dans les magasins de la rue principale du navire on pouvait tout acheter, y compris une voiture comme celle exposée dans cette devanture.

Ci-dessus : Le hall des "seconde classe".

d'embarquement aux dimensions jamais encore atteintes, et cette allée centrale, longue de près de 140 mètres, haute de six, et large de cinq.

— On y faisait ses courses comme à Paris. On pouvait même y acheter une voiture. L'architecture qui, aujourd'hui, me rappelle le plus *L'Atlantique* est celle des luxueux passages commerciaux des Champs-Elysées. De la même façon, les galeries marchandes s'y superposaient et, depuis les étages supérieurs en mezzanines, le regard plongeait vers les niveaux inférieurs.

Il est près de minuit et Toussaint poursuit son tour du propriétaire : toutes ces richesses, rien que pour lui, le temps d'une soirée de solitude. A coups de flash, il débusque une sculpture tapie dans l'ombre, réanime une marqueterie, fait danser les couleurs d'une tenture.

— Je voulais aussi revoir la piscine, une merveille gris bleu et argent, éclairée le jour par une immense verrière. Elle avait été réalisée par les architectes Hennequin et Lardat que j'avais croisés lors du voyage inaugural, accompagnés de baigneuses belles et jacassantes. Déception. Vide, sombre et silencieuse, ce n'était plus la piscine de mon souvenir. Je commençais à me reprocher de m'être lancé à la chasse aux fantômes lorsque le veilleur qui faisait sa ronde de sécurité me propose une visite aux cuisines. Il était minuit passé et le boulanger était déjà au pétrin. Nous voyant débarquer, il serre contre sa brioche un pain rond qu'il entame d'un geste d'égorgeur et nous propose une terrine puisée, non pas dans l'avitaillement de la compagnie, mais dans sa réserve charcutière personnelle, en provenance directe de la ferme familiale de Pouldreuzic. Verre

15 mai 1931. Le premier allumage d'une chaudière.

L'Atlantique *le jour du voyage inaugural.*

Page de droite en haut : Un paquebot aux superbes lignes.

Page de droite en bas : Le hall d'embarquement dessiné par les architectes Raguenet et Maillard.

de rouge et pâté sur le pouce ; voilà un souper inoubliable auquel la vie sur les paquebots ne m'avait pas habitué. Avant d'aller me coucher je demande au « rondier » de m'ouvrir au passage un des deux appartements de grand luxe que les concepteurs de *L'Atlantique* ont dotés d'une terrasse particulière de sept mètres de largeur. Et voilà qu'il se prend pour le guide du château ! Il me fait visiter les cabines de première classe, m'en vante le confort, me fait remarquer le téléphone privé qui les équipe, chose rare à l'époque.

Au pas de charge, le guide de Toussaint l'entraîne dans le labyrinthe du navire qu'il connaît comme sa poche. Il récite : « Etablissement thermal : massage, hydrothérapie, thalassothérapie. Chapelle : scènes stylisées du peintre Lombard. Station centrale électrique : elle suffirait à éclairer une population de 150 000 personnes. Réserves de vivres habituellement stockés pour un voyage : 15 000 kilos de viande, soit l'équivalent de 600 boeufs, 6 000 kilos de volailles, 50 000 bœufs, 4 000 bouteilles de champagne, 10 000 bouteilles de vin, 40 000 litres de vin en cuve, 15 000 litres de bière, 12 000 d'eau minérales... »

Toussaint se couche sur cette indigestion de chiffres. Peu avant 4 heures, il est réveillé par un cauchemar où se mêlent naïades et poissons volants qui montent à l'assaut du navire avec des cris perçants. Quel tintamarre ! Les sirènes hurlent. La réalité le saisit comme un seau d'eau glacée. Alerte au feu ! Il ne faut pas une minute au reporter pour rassembler son barda et gagner, sur le pont supérieur, son lieu d'évacuation éventuelle.

Les appareils de détection ont fonctionné normalement. Rapidement les veilleurs de nuit sont arrivés sur les

1933
L'ATLANTIQUE

lieux, suivis du commandant Shoofs et de son second, le capitaine Gaston. Au tout début, on espère éteindre sans trop de peine le sinistre. Mais le service incendie est impuissant. Non seulement les vernis et les laques alimentent les flammes, mais ils dégagent des vapeurs toxiques, et les masques à gaz sont inefficaces. Le feu court vers l'avant, puis vers l'arrière. Le château n'est bientôt plus qu'un brasier. Toutes les pompes sont mises en action. En vain. Le navire est dans l'ouest de Guernesey, le radio lance des SOS. La mort dans l'âme, le commandant donne l'ordre d'évacuation.

— On a eu beaucoup de mal à mettre les chaloupes à la mer qui était grosse — quatre à cinq mètres de creux — mais surtout l'eau pompée déséquilibrait le navire qui gîtait sur bâbord. D'un côté le feu, de l'autre une coque à l'oblique : difficile dans ces conditions de se servir des bossoirs. En vingt et un ans de navigation, c'était mon premier naufrage. J'ai eu très peur.

Heureusement, dans ces parages fréquentés et proches des côtes, les SOS sont rapidement entendus. Le premier navire sur zone est l'allemand *Ruhr* suivi du hollandais *Achilles*. Un peu plus tard, venant de Cherbourg, apparaissent plusieurs bâtiments de la Royale et une flottille de remorqueurs. Lorsque les embarcations des premiers navires sauveteurs ne sont plus qu'à une encablure de *L'Atlantique*, le commandant Shoofs conseille à ses hommes de sauter à la mer. Le médecin du bord, le docteur Jullemier, qui préfère descendre le long de l'échelle, lâche prise et tombe à l'eau. Des marins hollandais le repêchent.

— Un Hollandais, rencontré récemment par hasard, m'a montré fièrement la montre en argent que lui avaient offerte, en remerciement, les autorités françaises. Mais la suite des opérations a été beaucoup moins reluisante.

Une fois les hommes évacués, le navire n'est plus qu'un panache de fumée blanche qui se met à dériver au gré des courants comme un bateau fantôme. Cap sur l'Angleterre, droit sur le bateau-feu des Shambles. Arrivé à sept milles de la pointe de Portland, on pense un moment qu'il va s'échouer. Une saute de vent le ramène en Manche. La flottille des remorqueurs allemands, hollandais et français, le suit. L'épave folle est un danger et le mouilleur de mines *Pollux*, de la Marine nationale, reçoit l'ordre de le couler s'il menace les côtes.

— Les sociétés de remorquage se sont mises à se disputer l'épave, comme des loups une charogne. Elles guettaient depuis le début cette proie commercialement très intéressante, chacune estimant avoir priorité sur l'autre. Après plusieurs tentatives infructueuses de part et d'autre, le remorqueur français *Minotaure* parvenait enfin à crocher une remorque à l'arrière et à entraîner le paquebot, avec l'aide de l'*Abeille 24*. Quelques minutes plus tard, les Hollandais s'entendaient avec les Allemands et frappaient une remorque à l'avant. Ils commençaient à leur tour à tracter *L'Atlantique*, ne réussissant en fait qu'à l'immobiliser, puisque pendant que les uns tiraient à hue, les autres tiraient à dia. Le commandant de *Pollux* intervient. Il donne l'ordre aux Hollandais de se retirer. Ceux-ci ne répondent pas et continuent de hâler l'épave en espérant une rupture des haussières de *Minotaure* et de l'*Abeille 24*. Mais les cordages tiennent bon... jusqu'au moment où le plus gros des remorqueurs hollandais, fonçant entre la poupe du paquebot et les bâtiments français, heurte l'haussière de *Minotaure* et la coupe. Sur les remorqueurs français ce n'est qu'un cri : ils l'ont fait exprès !

Plus de dix-sept heures se sont écoulées depuis le début de l'incendie. Vers 21 heures, un nouveau bateau, *Ramier*, rejoint le convoi avec à son bord le commandant Shoofs et quinze volontaires de son équipage. Averti de la situation, le commandant de *L'Atlantique* demande à celui dd *Pollux* d'employer la force contre les manœuvres des Hollandais. Pendant ce temps, un de ses lieutenants, Even Briand, qui a pris place à bord de l'*Abeille 24*, tente de monter sur l'épave. Le voyant en difficulté, trois marins hollandais, qui l'ont précédé, consentent à lui lancer un filin. On commence à le hisser lorsqu'une énorme lame soulève le remorqueur. Sa proue donne contre la coque du paquebot et broie l'une des jambes du lieutenant.

— L'accident a provisoirement mis fin aux querelles entre les capitaines des bâtiments français et hollandais, et c'est en commun que l'on a remorqué le paquebot jusqu'à Cherbourg, laissant aux tribunaux le soin de déterminer la rétribution de chacun.

Lorsque l'on compte les marins, il en manque dix-neuf.

— C'était horrible, murmure Toussaint, mais imagine la catastrophe si les 1 200 passagers que pouvait accueillir le navire et la totalité de l'équipage s'étaient trouvés à bord !

L'épave reste trois ans à Cherbourg, les assureurs et les armateurs ne parvenant pas à concilier leurs points de vue. Les premiers estiment le paquebot réparable, mais les seconds n'en veulent plus. *L'Atlantique* sera finalement envoyé en Grande-Bretagne pour y être détruit.

— Moi qui, exceptée la mort tragique de mon père, conclut Toussaint, n'avais personnellement connu de la mer que ses aspects les plus aimables, j'ai compris cette nuit-là les terreurs de ma mère à l'idée que son fils deviendrait lui aussi marin. Mais j'ai surtout retenu l'âpreté du combat autour de l'épave de *L'Atlantique*. Pour comprendre cet espèce de piratage, il faut savoir que les équipages des remorqueurs, qui prennent des risques insensés pour secourir les bâtiments en difficulté, ne sont payés que s'ils ramènent l'épave .Souvenir corsaire. En français on dit qu'ils se paient sur la bête. Le droit maritime, qui bien sûr ne parle qu'anglais, stipule dans un langage moins imagé : « No cure, no pay. »

Après de nombreuses péripéties l'épave est remorquée jusqu'à Cherbourg où elle restera trois ans.

Page de gauche : 14 janvier 1933. Un incendie ravage le paquebot.

1934
ILE-DE-FRANCE
Un avion sur un bateau

— J'allais à New York faire un reportage sur la situation économique des Etats-Unis, raconte Toussaint. C'était en juillet 1934. Pour la première fois, j'embarquais sur *Ile-de-France* qui avait été lancé huit ans plus tôt. Pas de problème pour choisir ma cabine : la crise était encore là et nous n'étions pas plus de 300 passagers alors que le bateau pouvait en accueillir 1 700.

L'image symbolisant le modernisme du navire qui s'est fixée dans la mémoire du photographe, quelques années avant cette traversée de 1934, est celle des passagers qui achevaient le voyage en hydravion. La veille de l'arrivée, alors qu'il restait environ 400 milles à parcourir, l'avion était catapulté. Piloté par le lieutenant de vaisseau Demougeot, il emportait le courrier et parvenait en quelques heures à New York. Mais il ne décollait que si les conditions météo étaient idéales, chose rare sur l'Atlantique Nord. En réalité, ce système d'acheminement sportif ne fut utilisé que quatre fois en 1928, huit fois en 1929 et douze fois en 1930. On l'abandonnera en constatant que la violence des catapultages fatiguait la structure du navire.

— En principe, le système était réservé au transport du courrier qui arrivait ainsi vingt-quatre heures plus tôt, mais quelques intrépides se sont risqués aux côtés de Demougeot. L'aviation faisait encore partie des grandes nouveautés excitantes de l'époque. C'est en 1927 que Charles Lindbergh avait réussit la première liaison New York-Paris à bord de son *Spirit of Saint Louis*. Sur *Ile-de-France*, le départ de l'avion était très spectaculaire et constituait le clou de l'avant-dernière journée de traversée. La catapulte avait été mise au point, à la demande de la marine de guerre, par les chantiers de Penhoët. Pendant plusieurs mois, des essais préalables avaient été réalisés à partir de la jetée ouest du port. Il fallait avoir le cœur bien accroché. Avec ses 4 000 ch, cette catapulte à air comprimé et à poudre avait la puissance de deux locomotives de type « Pacific ». En vingt mètres de course, l'hydravion, qui pesait 6,500 tonnes, atteignait la vitesse de 110 km/h. Le système marchait si bien qu'une douzaine de croiseurs de la Royale étaient alors équipés du dispositif. *Ile-de-France* est lancé en 1926. Toussaint ouvre l'album à la page de l'événement.

L'hydravion postal catapulté d'Ile-de-France.

Page de droite : Sur cette affiche peinte par Albert Sébille, quai à quai le train spécial transatlantique et Ile-de-France. Derrière, on devine Paris.

— Manœuvre impressionnante. C'était le plus grand bateau de la flotte française : 240 mètres de long et 45 de haut. Une montagne de tôle. Sa première traversée en août 1927 a été un triomphe.

Après les années fastes, la crise américaine de 1929 et ses répercussions ont touché durement les compagnies qui exploitent les lignes de l'Atlantique Nord. Cette année 1934, date de la traversée de Toussaint, est pour la Transat celle du début du redressement financier. Le creux de vague de la crise semble appartenir au passé. La stabilité des monnaies anglo-saxonnes, la résorption des stocks, réveillent les échanges internationaux, les taux de

1934
ILE-DE-FRANCE

frets deviennent plus rémunérateurs et le nombre des passagers augmente lentement. Mais le climat n'est pas encore au beau fixe. Malgré le luxe du paquebot, rendu encore plus performant par les transformations importantes qu'il vient de subir dans les chantiers de Saint-Nazaire, Toussaint n'est pas d'humeur à se lancer dans un reportage sur les charmes de la vie à bord. La démolition de son cher vieux *France*, décidée en cette année 1934, après vingt-deux ans de bons et loyaux services, le chagrine. Il décide donc de commencer son enquête économique en interrogeant personnel et passagers.

— Ma première victime — mais je serai aussi la sienne — a été le masseur du navire. Situation assez cocasse : j'étais à poil dans le bain de vapeur électrique, un impressionnant

1928. Une grue charge sur le pont l'hydravion postal qui sera catapulté la veille du jour d'arrivée du paquebot à New York.

Page de droite : Les passagers prennent le frais sur le pont.

caisson tapissé de puissantes lampes, duquel seule ma tête dépassait. Je lui demande, pour engager la conversation, ce qu'il fait quand il ne malaxe pas. Il me répond qu'il boxe.

Toussaint apprend ainsi l'existence, sur le paquebot, d'un sporting-club qui organise des combats entre membres du personnel et, parfois, avec des passagers. Le ring est installé sur le pont supérieur. Le club détient même la coupe de l'Atlantique. Il a battu, au fil des escales new-yorkaises, les Anglais et les Américains, et, tout récemment, l'équipe allemande d'*Europa*. Le masseur n'est pas peu fier de la coupe de vermeil qui trône dans une vitrine du gymnase. Il est intarissable.

— Son souvenir le plus cuisant — et son heure de gloire — était d'avoir été sèchement mis au tapis, en 1927, par le champion Jack Dempsey qui, pendant la traversée, avait accepté de se produire pour quelques rounds de démonstration.

Les Américains rencontrés dans la salle de mécanothérapie ne semblent pas disposés à bavarder. Ils sont bien trop occupés à maîtriser leurs montures.

— Entre le punching-ball et la bicyclette, on avait installé un cheval et un chameau électriques. Ces nouveautés

1934
ILE-DE-FRANCE

1934
ILE-DE-FRANCE

1934
ILE-DE-FRANCE

Ile-de-France
peint par Albert Sébille.

de la traction mécanique imitaient toutes les secousses de la traction animale. Une telle gymnastique donnait le fou rire aux passagers français, mais les Américains la pratiquaient avec un sérieux imperturbable.

La crise économique, c'est un garçon du bord, tout de blanc vêtu, qui en exprime à Toussaint l'équation la plus prosaïque : « Beaucoup d'Américains, en fin de voyage, nous donnent cinq dollars. Autrefois, cela représentait 125 francs et aujourd'hui 75 francs environ. » Autre signe de crise : la recette du bureau de TSF dont les radiotélégrammes et les communications téléphoniques assurent la liaison constante avec les deux continents. « Il y a quelques années, explique un employé, notre chiffre d'affaires pour une traversée atteignait 150 à 200 000 francs. Aujourd'hui, il est dix fois moindre. Autrefois, les Américains n'hésitaient pas à payer le prix fort pour le simple plaisir de donner signe de vie à des amis par TSF. Maintenant, ils réduisent même le nombre des communications utiles. »

En parlant du bon vieux temps d'avant la crise, l'employé des postes n'oublie pas de mentionner sa participation au fameux voyage inaugural de l'hydravion *Liore-Olivier F-AIQP*, catapulté pour la première fois le 13 août 1928. C'était une journée folle, raconte-t-il en désignant une grande photo encadrée. Il y avait tant de personnes à vouloir mettre du courrier à bord de l'appareil que nous avons manqué de timbres-poste. Voyez-vous, ajoute-t-il doctement, cet exploit est la suite logique de celui auquel j'avais déjà assisté, en 1899, à bord de *La Champagne*. Cette année-là, toujours afin d'acheminer le courrier plus vite, on avait inauguré le premier service de pigeons voyageurs. On photographiait à bord les pages de courrier, les pellicules étaient roulées serrées dans un tube étanche attaché à la patte des ramiers, que l'on lâchait deux jours avant d'atteindre les côtes françaises, et qui volaient à tire-d'ailes vers leur pigeonnier situé à Rennes. Là, les photos étaient agrandies et les messages acheminés vers leurs destinataires ».

Le coiffeur semble, lui, peu touché par la crise. « Il y a encore, affirme-t-il, suffisamment de riches clientes américaines. L'une d'elles, attachée aux coiffeurs français des paquebots, me fait même venir chez elle à Boston toutes les trois semaines, chaque fois qu'*Ile-de-France* fait escale à New York. La séance lui revient à 2 000 francs. »

Réunis pour un thé dansant dans le grand salon des « première », les amateurs de fox-trot se moquent de la crise. Du plafond doré à la feuille, tombe une cascade de lumière qui inonde, comme de soleil, les robes dessinées par les grands couturiers parisiens. Le pianiste, perdu dans la contemplation des bulles pétillant dans sa coupe de champagne, préfère répondre indirectement aux questions de Toussaint sur les effets de la crise : il offre une pause aux virevolteurs en pianotant quelques mesures de *Pavane pour une infante défunte*...

Le commandant Georges Burosse invite Toussaint à sa table pour lui expliquer ce qu'il pense de l'avenir des liaisons transatlantiques. Selon lui, la crise est passée.

— Le nombre de passagers américains, observe-t-il, augmente régulièrement et les toilettes luxueuses réapparaissent. Oh ! bien sûr, nous sommes encore loin des sommets de 1928 et les voyages sont toujours déficitaires. Songez que les recettes, qui étaient de 13 à 18 millions entre 1928 et 1931, sont tombées à 4 millions pour

1934
ILE-DE-FRANCE

La promenade quotidienne des chiens.
L'imprimerie du bord qui assure la réalisation de* L'Atlantique*,
le quotidien du navire.

un voyage aller-retour. Et nos dépenses sont toujours de 7 millions. A l'époque faste — le commandant Blancart me le confirmait il n'y a pas si longtemps — les cabines étaient quasiment toutes occupées. Certains paquebots étrangers égalaient en confort et surpassaient, en taille comme en vitesse, le navire français, mais c'est le charme d'*Ile-de-France* qui faisait la différence. Je suis désormais résolument optimiste, conclut le commandant, et dans quelques mois *Normandie* arrivera à point nommé pour bénéficier de la renaissance du trafic. Croyez-moi, ce sera l'apogée du savoir-faire et du modernisme français.

— Peut-être, commente le chef Gaston Magrin, dont la toque blanche est apparue au-dessus de la tête du commandant et qui vient d'apprendre qu'il sera le chef de *Normandie*, mais il ne faut pas faire du modernisme à tout prix. Que mes fourneaux fonctionnent au mazout au lieu du charbon, c'est un progrès ; mais qu'on remplace, pour mes grillades, le charbon de bois par l'électricité, comme on envisage de le faire sur *Normandie*, c'est une erreur. La qualité des grillades va en pâtir.

— Ce qui ne changera pas, rétorque un professeur de la Sorbonne, adepte comme Toussaint du footing matinal sur le pont, c'est la qualité des vins et des alcools. Je n'oublierai jamais ma première traversée sur *Ile-de-France*, en compagnie d'un groupe d'universitaires américains. La béatitude croissait au fur et à mesure qu'on l'arrosait de champagne, en se régalant d'anecdotes sur la prohibition.

— Puisque vous semblez apprécier le champagne, cher ami, permettez-moi

Le hall d'entrée et la grande descente des "première classe". L'escalier à double révolution se développe sur une hauteur de trois ponts.

1934
ILE-DE-FRANCE

de vous raconter cette histoire pétillante. Il y a quelque temps, explique le commandant, un passager était surpris par une panne d'alimentation en eau, le rasoir à la main et le visage couvert de mousse de savon. Comment le garçon de cabine a-t-il surmonté cette situation dramatique ? Tout bonnement en remplaçant l'eau manquante par une demi-bouteille de champagne. Inutile de préciser que, depuis son aventure, le passager est un de nos plus fidèles clients.

— Au fait, est-il vrai, commandant, que Chaliapine exige, à chacun de ses passages, d'avoir un tonnelet de vodka dans sa cabine ? interroge l'épouse du professeur.

Le commandant ne déroge pas à son obligation de réserve. Il élude astucieusement la réponse.

— Certains passagers, madame, ont de curieuses habitudes. Ainsi, Clemenceau exigeait qu'on lui serve une soupe à l'oignon, tous les matins à 6 heures...

A la table du commandant, les récits des fastes d'un passé récent se succèdent comme pour conjurer certains signes de la conjoncture qui réduisent les espoirs de reprise.

— Quelques mois auparavant, précise Toussaint, le président Edouard Herriot était allé aux Etats-Unis — sur *Ile-de-France*, justement — pour renégocier le règlement de la dette de la guerre 14-18. Les tergiversations de la France provoquaient une campagne de dénigrement contre notre pays. A cela s'ajoutaient les incendies successifs de *Georges-Philippar* et de *L'Atlantique* qui jetaient une suspicion sur la construction navale française. Et dans ce climat pourri, le commandant parlait du futur *Normandie*, super *Ile-de-France*, comme d'un miracle qui redorerait le blason de la marine française et de la France en général...

C'est un fait, personne n'est véritablement inquiet sur le navire, et Toussaint cherche en vain, dans les témoignages qu'il recueille, le reflet de son propre pessimisme du moment.

Avril 1933.
Le président Edouard Herriot
***sur* Ile-de-France**
avec le commandant Burosse.

— Il y avait pour moi quelque chose d'irréel dans le spectacle que donnaient les riches passagers de ce somptueux paquebot. Ils dansaient le fox-trot sur un volcan. Je dois dire, à leur décharge, que tout était fait, sur *Ile-de-France*, pour leur faire oublier la crise. Grande première : sur le pont on jouait au golf miniature. Les innovations techniques n'étaient pas en reste. Le premier sondeur à ultrasons de conception française avait été mis en service avec un enregistreur qui traçait sur papier les courbes du fond de la mer. Quant à la décoration, John Dal Piaz, le président de la Transat, avait enfin réussi à faire appliquer jusqu'au bout sur *Ile-de-France* sa célèbre formule : « Créer n'est pas copier. »

Après les audaces bien tempérées de *Paris*, apparaît, avec *Ile-de-France*, le véritable renouveau de la décoration à bord des paquebots français. Des artistes rendus célèbres par la fameuse exposition des arts décoratifs de 1925 peuvent y donner libre cours à leur talent. Ils disposent de volumes plus vastes que précédemment car la surface des « troisième classe » a été réduite, proportionnellement à la diminution de la clientèle des émigrants que l'Amérique n'accueille plus qu'au compte-gouttes. Les réalisations de style contemporain, qui avaient surpris sur *Paris*, séduisent, sur *Ile-de-France*, des voyageurs définitivement convertis au goût du jour.

— Ruhlman avait décoré le salon de thé qui dominait une grande descente sur trois niveaux et offrait une vue plongeante sur le hall foyer, précise Toussaint. Des calices en porcelaine blanche de Sèvres servaient d'abat-jour, le groupe en bois doré du sculpteur Janniot se détachait sur les boiseries en loupe de frêne. Le salon des « première classe », avec son gigantesque plafond scintillant et son immense tapis d'Aubusson de douze mètres sur six, était signé Leleu. Pour la salle à manger, on avait adopté un parti pris de sobriété qui mettait en valeur les sièges et les tables. Comme sur tous les paquebots de la French Line, l'escalier monumental qui y descendait avait pour fonction de permettre aux dîneuses de faire admirer leurs toilettes. On y avait ajouté un palier en loggia afin que les élégantes puissent faire une pause et, d'un coup d'œil vers le bas, se renseigner sur la composition de leur public. Les New-Yorkais étaient fous de ce paquebot tellement français dans l'originalité de sa décoration et la qualité de ses services.

Le soir des départs vers la France, la coutume voulait que l'accès au bateau soit ouvert à tous, sur simple achat d'une carte d'admission. Le « tout New York » s'y donnait rendez-vous pour y finir la soirée. Il est arrivé que les visiteurs atteignent le nombre d'une dizaine de milliers. Ces soirées d'adieux ont laissé des souvenirs exceptionnels à ceux qui les ont vécues. Les deux orchestres du bord jouaient et l'on dansait parfois. A minuit, heure du départ, les officiers avaient le plus grand mal à convaincre leurs invités de s'éclipser. Et il n'était pas rare que des retardataires soient débarqués sur les remorqueurs, après le départ.

— En 1934, nous étions quelques-uns à pressentir la fin de ces débordements somptuaires sur la French Line. Mais les dirigeants de la compagnie, comme le commandant Burosse, affichaient, en privé comme en public, leur certitude d'une reprise rapide des affaires.

L'avenir donnera raison, dans un premier temps, à l'optimiste commandant d'*Ile-de-France* et à sa compagnie. Dès 1935, la situation s'améliore sensiblement et *Normandie* est lancé avec le succès que l'on sait.

Mais les surlendemains déchantent. En 1939, la quasi-totalité de la flotte de commerce est requise pour répondre aux besoins de la guerre. *Ile-de-France* est désarmé dans le port de New York, puis transformé en transporteur de troupes. En 1940, il reçoit la mission de gagner l'Indochine. Il quitte New York pour une première escale à Marseille, le 1er mai, avec un chargement d'avions américains sur la plage arrière. A Singapour, en juillet 1940, il rejoint les Forces navales françaises libres et arbore la double enseigne de la Red Ensigne et du pavillon tricolore marqué d'une croix de Lorraine.

Dans un carnet à petits carreaux, Toussaint a marqué par le menu tout ce qui concerne l'histoire des navires français pendant cette période où notre marine s'est déchirée.

— Le second capitaine Arnold, le commissaire Raulin, les radios Autin, Desmas et Douspis, et divers membres d'équipage, considérant l'impossibilité morale et matérielle de regagner la France, sont entrés en relation avec l'amiral Drew et ont mis le paquebot à sa disposition comme transporteur de troupes.

Ile-de-France quitte Singapour le 21 mars 1941 pour son premier voyage de « trooper » et gagne Sydney où il embarque des soldats australiens à destination de Suez. Il fait ensuite plusieurs voyages Suez-Afrique-Indes. En octobre 1942, il quitte Durban pour San Francisco puis revient dans l'océan Indien. En mai 1943, il quitte ce secteur et gagne l'Angleterre où il passe sous

Ile-de-France ***dans le port du Havre peint par A. Galland.***

1934

ILE-DE-FRANCE

gérance de la Cunard, et embarque un équipage en partie britannique. Après une refonte radicale à New York, il sert jusqu'à la fin de la guerre au transport de troupes américaines et canadiennes vers la Grande-Bretagne. Il transportera plus de 300 000 combattants.

Après la guerre, entre 1947 et 1949, *Ile-de-France* retrouve les chantiers de Penhoët pour une nouvelle transformation. Il y perd l'une de ses trois cheminées, les aménagements intérieurs sont modernisés et le navire est doté d'une salle de spectacles de 400 places. Il reprend du service pendant une décennie ; puis c'est la vente à la démolition en 1959.

— En arrivant à New York sur *Ile-de-France*, reprend Toussaint qui caresse machinalement la tapisserie d'Aubusson recouvrant son canapé, je pensais encore à *France*, bientôt livré aux démolisseurs, et à l'émotion qui m'avait envahi, vingt-deux ans plus tôt, en apercevant pour la première fois les tours de Manhattan. J'étais impatient de savoir si les dirigeants de la Transat m'avaient bien réservé les quelques souvenirs de mon « Versailles des mers » dont j'avais négocié l'achat avant de partir.

Le fils du pauvre pêcheur d'Islande, qui doit à sa fréquentation des grands paquebots français d'être devenu un fin amateur d'art, reconnaît qu'il reste à jamais marqué par le style « Grand Siècle » du *France* de 1912. Il concède cependant à *Ile-de-France* le record des folies somptueuses : « Je tiens d'un passager digne de foi qu'un soir où la divine Pavlova allait renoncer à donner son spectacle à cause de l'état de la mer, le commandant d'*Ile-de-France* a fait filer de l'huile autour du navire pour apaiser les vagues et permettre à l'étoile de danser *La Mort du cygne*... »

***Page de gauche :*
*29 mai 1927. Le public nazairien vient saluer une dernière fois le navire qui va rejoindre Le Havre.***

29 mai 1927. Des plaisanciers escortent le navire qui regagne Le Havre, son port d'attache.

1935
NORMANDIE

Le paquebot du Ruban bleu

— **I**l fallait être à la fois aveugle et sourd, dans la France de 1935, pour n'avoir pas entendu parler de *Normandie*, décrète Toussaint, en jetant un coup d'œil inquiet sur sa montagne de documents relatifs au paquebot.

Lorsque *Normandie* quitte Le Havre pour son voyage inaugural, le 29 mai 1935, il y a des mois que radio et journaux se repaissent de l'événement. Des torrents de clichés se sont déjà déversés pour qualifier le plus grand paquebot du monde.

— « Ville flottante » était une image insuffisante et galvaudée. C'était pour le moins une « capitale sur l'eau », une « mégapolis flottante », un « titan des mers », un « monstre d'acier », le « géant de l'Atlantique », reléguant au rang de nains les imposants liners de l'époque.

Même ceux, parmi les journalistes, qui se moquent de ces superlatifs, ne peuvent échapper aux élans lyriques. Madeleine Jacob, la chroniqueuse de l'hebdomadaire *Vu* — que Toussaint vient de me mettre sous les yeux — commence son récit des journées d'inauguration triomphales de *Normandie* sur le mode distancié et un brin ironique : « Le Havre a tué le veau gras, écrit-elle, en égratignant au passage les confrères qui ne savent plus à quelle épithète se vouer. Elle tente d'éviter le piège de la description grandiloquente du navire avec cette formule lapidaire : « On reçoit sa silhouette écrasante en pleine poitrine, et on fait : Oh ! »

Normandie à *New York*.

Page de droite :
C'est un artiste anonyme qui a réalisé ce dessin saisissant du paquebot.

Mais bientôt, à son tour, elle craque : « Autour de lui, la foule est muette, poursuit-elle, cette foule qui le connaît déjà pourtant. Elle est admirative, confondue de respect, matée comme, devant un chef redoutable, une peuplade primitive. Une ville flottante ? Non, un rêve monstrueux et magnifique… »

Ville flottante ou dette flottante ? répondent en chœur les chansonniers de l'époque. Car les critiques fusent autant que les louanges. Le débat est engagé depuis des années entre ceux qui estiment que le coût colossal du navire — que l'Etat subventionne largement — est une folie suicidaire en temps de crise, et ceux qui pensent qu'il est impératif de faire régresser le chômage en investissant massivement pour relancer une industrie exsangue. Eternel débat.

— Il faut préciser que lorsque le navire avait été mis à l'étude, en 1928, la Transat était à son apogée. Un an plus tard, le fameux jeudi noir de Wall Street assombrissait brutalement le paysage. La Bourse s'effondrait et la crise gagnait progressivement l'Europe. Les compagnies de l'Atlantique Nord étaient touchées en première ligne. A deux doigts de mettre la clef sous la porte, la Transat décidait pourtant de jouer le banco.

Le 29 octobre 1930, la Compagnie générale transatlantique passe officiellement commande du *T6*, appellation de chantier de *Normandie*. Les risques sont énormes pour les armateurs, mais aussi pour le chantier de Penhoët qui doit construire la cale la plus importante d'Europe pour accueillir le géant, ainsi que pour la ville du Havre qui se trouve dans l'obligation d'élargir l'entrée du port et d'allonger ses quais. En juillet 31, la Transat se trouve en

1935
NORMANDIE

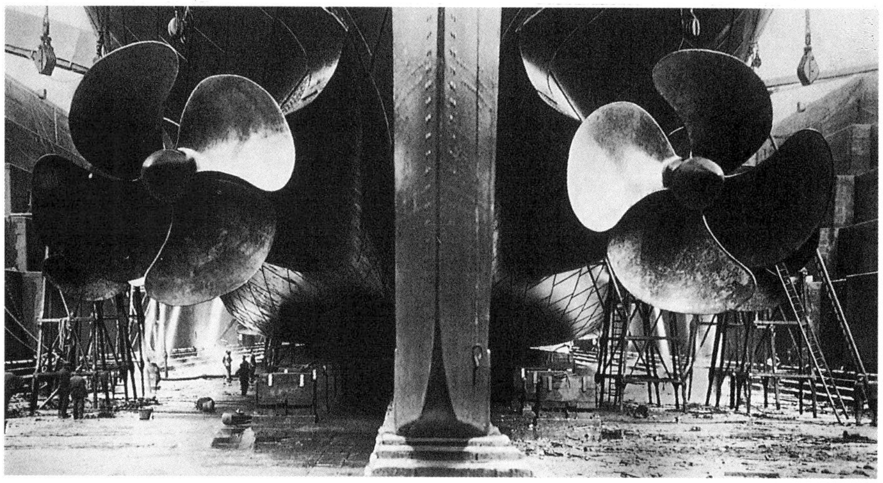

***23 février 1934.
Le paquebot est mis
à l'eau dans la forme Joubert.***

***Les hélices à trois pales
installées à l'origine
(ici le 12 mars 1935)
provoquaient
de désagréables vibrations.
Elles seront remplacées
par des hélices à quatre pales.***

situation de banqueroute et la construction ne peut se poursuivre que grâce à un emprunt garanti par l'Etat. Ce dernier prend, à cette occasion, le contrôle de la compagnie qui devient une société d'économie mixte.

— Le président de la République était arrivé en grande pompe au Havre le 23 mai 1935, six jours avant le grand départ, six jours de fêtes inaugurales somptueuses, mais dont le budget n'était qu'une goutte d'eau dans l'océan des dépenses occasionnées par la construction du navire.

Pour désamorcer les critiques, l'Etat entend faire la preuve que l'événement est à la hauteur des sacrifices demandés aux contribuables. Dans la monumentale salle à manger des « pre mière », éclaboussée par les pots à feu de Lalique, un millier d'invités triés sur le volet écoutent le discours d'Albert Lebrun. Les microphones des stations de TSF retransmettent en direct les accents vibrants du Président français. « Faudra-t-il nous faire grief d'avoir vu trop grand alors que si souvent, et avec raison, on nous a adressé le reproche contraire, plaide Albert Lebrun, est-il défendu d'espérer un lendemain plus favorable que les temps de marasme où nous vivons ? » Et le chef de l'Etat lance cette forte exhortation : « Ayons au moins, cette fois, la fierté de notre audace et l'orgueil de notre œuvre. »

— J'avais assisté de loin, et goguenard, confesse Toussaint, à ces journées de réjouissances dont je me sentais exclu. En dépit de mes années de collaboration avec la Transat, je n'avais obtenu pour le voyage inaugural qu'une cabine de classe « touriste », tant les invités de prestige étaient nombreux.

Tous les « grands » de la presse de l'époque sont là. *Le Figaro*, *Vu*, *Candide*, *Vogue*, *L'Echo de Paris*, *La Revue de Paris*, *Paris-Soir* ont dépêché leurs envoyés spéciaux les plus réputés : Pierre Brisson, Madeleine Jacob, Bertrand de Jouvenel, Colette, André Chevrillon, Pierre Wolff, Philippe Soupault, Claude Farrère, Blaise Cendrars.

— Ce beau monde formait un club très fermé. Heureusement il y avait Blaise ! Lui aussi était devenu une vedette depuis le temps où nous avions fait l'Indochine sur un paquebot des Messageries, et on l'avait logé d'office en première classe. Mais ça ne l'empêchait pas de garder son béret vissé sur la tête ni de se souvenir des copains. Il est arrivé dans ma cabine, où j'attendais mes bagages, en ronchonnant qu'il avait eu du mal à me trouver. Il était en train de m'annoncer qu'il m'avait obtenu une place de choix sur la passerelle, aux côtés du commandant, pour assister au départ, lorsque le « Typhon » de *Normandie* s'est mis à meugler. C'était une sirène d'une incroyable puissance. Elle faisait vibrer l'air et vous prenait, là, au creux de l'estomac.

Cap au large.

Ce signal indique impérativement aux amis et parents accompagnateurs qu'il faut débarquer. La mauvaise humeur de Toussaint s'évanouit dans la frénésie de l'instant. Il saute sur son Folding Kodak, prend une batterie de flash, bondit dans la coursive, se perd deux ou trois fois et finit par déboucher sur le pont supérieur. Ce n'est pas l'œil qui s'enivre d'abord, mais l'oreille. Dans la brume légère qui enveloppe le port, se mêlent mille sirènes. Celles de *Paris* et d'*Ile-de-France*, voisins de quai, mais aussi celles des cargos, des remorqueurs. A ce concert de voix de basse, s'ajoutent les sifflets stridents des locomotives de la gare maritime.

— Ça donnait la chair de poule, même aux vieux bourlingueurs blasés comme moi.

Sur la passerelle, où apparaît pour la première fois un détecteur d'obstacles électromagnétique, ancêtre du radar, le commandant René Pugnet donne ses ordres. Les amarres sont larguées, les remorqueurs *Titan*, *Ursus* et *Minotaure* s'arc-boutent. La coque de *Normandie* s'écarte du quai, pivote. L'étrave pointe le chenal. Des avions emmêlent leurs arabesques au-dessus du bateau. Le commandant apprécie : il est aussi pilote d'avion chevronné. La foule en délire agite chapeaux, drapeaux, mouchoirs. Le pilote quitte le bord. Il est 19 h 28. Bientôt les quatre turbopropulseurs donnent toute leur puissance et le navire met le cap sur Southampton, port de l'escale anglaise.

— Je redescends alors dans ma cabine pour développer les films et voilà que Blaise me retombe sur le poil : « Toussaint, si on mangeait un morceau avant d'embarquer les English ! » Le temps de passer un smoking et nous voilà partis à l'aventure dans les couloirs vers la grande salle à manger. J'ai eu presque un mouvement de recul devant les portes de bronze ouvrant sur l'escalier monumental. On aurait dit

1935
NORMANDIE

l'entrée d'un temple. Quant au temple lui-même, il me laisse littéralement sur le cul : j'avais envie de m'asseoir sur une marche et de ne plus bouger. Imagine cent cinquante tables alignées dans une gigantesque nef scintillante, tapissée de verre moulé et ciselé, profonde de près de cent mètres et prenant la hauteur de trois ponts. Je replonge illico dans mon sentiment d'exclusion, et je dis à Blaise qu'on ferait mieux d'aller grignoter quelque chose au grill. Mais c'était une bourrique. Il cale dans la poche droite de son habit son bout de manche laissé flottant par l'absence d'un bras et, impérial, descend l'escalier. J'aurais au moins aimé m'installer dans un coin : « C'est pas le moment de jouer les timides, Kodak ! » et me disant cela, Blaise laisse tomber la cendre de son mégot sur le tapis.

Le maître d'hôtel principal, Olivier Naffrechoux, apercevant Cendrars, lui désigne une table centrale. A peine les deux compères sont-ils installés que deux coupes de champagne surgissent, en même temps que des menus qui emplissent deux pleines pages de parchemin.

— C'est un roman ! dit Toussaint.

— La prose du Transocéanique, renchérit Cendrars qui psalmodie : céleri farci au roquefort, consommé, filet de halibut, caneton à l'orange, longe de veau à la gelée printanière, suprême de barbue sauce gribiche, bombe Madeleine... et, avant tout, un vieux bordeaux rouge !

Devant les verreries Daum, la porcelaine Haviland et l'argenterie Christofle, Toussaint se sent de plus en plus mal à l'aise. Blaise aussi, d'ailleurs, qui décrète en se levant de table avant les desserts : « J'en ai rien à foutre de ces tralalas et des belles réceptions. Ce qui m'intéresse, ce sont les machines et les 1 300 types qui font marcher le navire !»

— Et voilà, raconte Toussaint, qu'il

***Page de gauche :* Esquisse de l'architecte Expert pour le grand salon.**

***Ci-contre :* Croquis du grand salon par Jean Pagès.**

La salle à manger des "première classe", le jardin d'hiver et la piscine dessinés par Paul Iribe.

1935
NORMANDIE

sort son béret de sa poche, se l'enfonce sur le front, et disparaît par un escalier « Crew only » qui plonge vers l'antre du chef mécanicien Jean Hazard et de son adjoint Kerdoncuff. Moi, poursuit Toussaint, je ne savais pas où aller. Le théâtre, le grand salon, le fumoir, le grill, je les verrai plus tard. Mille descriptions dithyrambiques m'avaient déjà averti qu'ils étaient la « vitrine de l'art français de notre temps », la « preuve majuscule que notre pays était à la tête de l'art décoratif », comme si, avant celui-là, les paquebots avaient été décorés par des ringards. Le choc de la salle à manger avait suffi à me convaincre de la mégalomanie de *Normandie*.

Perdu sur ce bateau où il ne trouve pas ses marques, étouffé par sa mauvaise foi du moment — qu'il retrouve presque intacte en me la décrivant — Toussaint va chercher sur le pont le spectacle réconfortant de la mer qui, elle au moins, est éternellement la même ; puis il rejoint mélancoliquement le quartier des « touriste ».

— Comme prévu, je n'ai pas pu fermer l'œil. Ma cabine était située à l'arrière, et vibrait comme si le métro la traversait. Je te jure que les machines et les gars que Blaise était descendu voir mettaient la gomme. Ah ! elle le voulait son Ruban bleu, la Transat, après avoir fait mine de le snober pendant des années.

C'est une nécessité économique. Pour remporter la mise, dans ce banco ruineux, il faut absolument que le plus grand et le plus luxueux des navires soit aussi le plus rapide. Il est vital, pour l'armement français, que *Normandie*, premier paquebot de plus de 300 mètres, entre dans le club très fermé des « paquebots de cinq jours », dans lequel s'imposent les navires allemands *Bremen* et *Europa*. D'autant plus que de l'autre côté de la Manche, dans les chantiers de la Clyde, la Cunard construit la *Queen Mary*.

— Sacré défi, reconnaît Toussaint, il fallait que cette masse énorme tienne une moyenne de 28 nœuds entre Le Havre et New York pour gagner son pari. En attendant, c'est moi qui en faisait les frais. A 5 heures du matin, j'étais à nouveau sur le pont-promenade, les reins cassés comme si j'avais dormi sur une batterie de marteaux piqueurs. Je me croyais le premier debout, mais le jour qui se lève me révèle une présence. La silhouette entr'aperçue s'est vite retirée derrière la cheminée où elle était adossée.

L'espace entre deux cheminées était suffisamment grand pour installer un cours de tennis de dimensions réglementaires.

Page de gauche : Le chargement des voitures.

Pourtant, j'avais eu le temps de reconnaître Colette, la scandaleuse Colette qui avait été forcée de se marier en catastrophe, avant le voyage, avec son nouveau compagnon Maurice Goudeket ; tout ça parce que dans les hôtels américains on ne rigolait pas avec la morale : il était interdit de partager la même chambre sans être mariés. Cette histoire, comme la présence sur le bateau du précédent époux de l'écrivain, Bertrand de Jouvenel, alimentait les conversations.

La grande Colette profite de la solitude du petit matin, comme elle le fera pendant tout le voyage, pour visiter la ville flottante. Le petit peuple qui commence à s'activer l'intéresse beaucoup plus que les fêtards de la nuit. Ce sont d'abord les nettoyeurs qui arrosent, balaient, nettoient, vident les poubelles, astiquent les cuivres. Peu à peu, les coursives de *Normandie* se remplissent. Silencieuse comme une chatte aux aguets, les pieds nus dans ses sandales — qu'elle conserve pendant les réceptions au grand « shocking » de la bonne société américaine — Colette se mêle à la foule des travailleurs qui se pressent maintenant vers leur lieu de labeur. Elle sourit à la bouquetière, salue l'infirmier, échange trois mots avec le télégraphiste, adresse un clin d'œil complice à un groupe turbulent de petits chasseurs ; Toussaint note qu'elle se régale à suivre le cheminement du journal, tout frais sorti des

Normandie
peint par Marin-Marie.

presses, jusqu'aux plateaux des petits déjeuners des « première ». Bientôt les bars, les magasins, les bureaux de poste, les terrains de sport grouilleront de monde, et les ascenseurs seront pris d'assaut... comme dans toutes les grandes villes du monde.

— « Il n'y a pas encore le métro, mais ça viendra », plaisantait au petit déjeuner un confrère de *L'Illustration*. Je lui ai répondu, énigmatique, que j'en avais eu l'intuition pendant la nuit. Il a enfin compris à quoi je faisais allusion lorsque Carole, qui faisait partie des douze mannequins présents à bord pour présenter les robes de Patou et de Lanvin, est arrivée épuisée à notre table. Sa cabine était proche de la mienne ; elle aussi avait subi le supplice du métro pendant la nuit. Du coup, je me sentais moins seul.

Maquette du salon Bayeux réalisée par André Carlhian.

Toussaint conduit sa compagne d'infortune dans un lieu dont la découverte le réconcilie presque avec *Normandie*. Il y abritera son idylle naissante pendant toute la traversée.

— En fait nous voulions voir la mer, et c'est en nous dirigeant vers l'avant du pont supérieur que nous avons trouvé le jardin d'hiver. C'était une oasis suspendue au-dessus des moustaches blanches de l'étrave. La maison Vilmorin y avait disséminé, dans une forêt de plantes et de fleurs de toutes les provinces françaises, des fontaines, des vasques de bronze, des pergolas, des volières où jacassaient des centaines d'oiseaux. Par les baies vitrées, on regardait se fendre la mer et je me souviens qu'on s'est presque endormis là, debout, légèrement appuyés l'un sur l'autre, parmi les lys et les roses.

Le jardin d'hiver selon l'architecte Expert.

Trois jours se sont écoulés. Les échos de la vie mondaine et des fiestas nocturnes atteignent à peine le photographe qui continue à bouder en compagnie de Carole que l'inconfort des nuits et la succession des défilés de mode rendent plus pâle d'heure en heure. Le grand ordonnateur de la vie sur le paquebot, le commissaire principal Henri Villar, a pris la peine de venir s'excuser auprès de son hôte malheureux. Toussaint connaît bien cet extraordinaire personnage de la French Line qui a déjà exercé, avec un succès reconnu par tous, ses talents d'organisation et de diplomatie sur *France*, *Paris* et *Ile-de-France*.

9 février 1942.
L'incendie fait rage.
10 février.
Le paquebot chavire à quai.
3 novembre 1943.
L'épave de* Normandie *descend l'Hudson pour être examinée en cale sèche à Brooklyn avant de finir au dépot de ferraille de Scrapyard.

— Il venait de recevoir les doléances d'un tennisman en vogue qui se plaignait que le cours, installé entre deux cheminées, ne fasse pas tout à fait la longueur réglementaire. Villar qui avait, comme tu imagines, d'autres chats à fouetter pendant cette première traversée, lui a promis, avec sa courtoisie habituelle, qu'on aviserait. Et ce fut fait, quelques mois plus tard, grâce à la légère modification d'une cheminée.

Henri Villar avait eu aussi à contenter le maharadjah de Kapurthala, accompagné d'une suite chamarrée digne des *Mille et Une Nuits*. Le prince ne supportant pas la cuisine française, avait emmené son cuisinier personnel.

— Tu vois la tête du chef Magrin lorsque le commissaire principal était venu lui demander, avec d'infinies précautions, de laisser une place au « piano » pour le cuistot personnel d'un passager ! Et celle de William Bertrand, ministre de la Marine marchande, que le même Villar doit réconforter lorsqu'un câble lui apprend qu'il n'est plus qu'un passager comme les autres... Le gouvernement Flandin venait de tomber.

Toussaint est en train de se délecter méchamment de la coïncidence de cette crise politique avec le voyage inaugural du « paquebot de la dette », lorsqu'il croise le commandant en second, Pierre Thoreux, une vieille connaissance. Breton, fils et petit-fils de marin comme Toussaint, Thoreux est tout à fait conscient du problème de vibration à l'arrière du navire que lui expose son compatriote. « Les causes en sont si complexes, explique-t-il, que l'on n'a pu envisager d'y apporter une solution avant cette première traversée. Lorsque l'on emploie des techniques aussi révolutionnaires que sur *Normandie*, s'excuse-t-il en souriant, on ne saurait prétendre à faire un "sans fautes" dès le départ. » Il espère en revanche que les mesures de sécurité anti feu très sévères, qui ont conduit à employer largement pour la décoration de *Normandie* des matériaux incombustibles comme le marbre, le verre, le staff, les céramiques, l'aluminium ou l'acier, seront efficaces.

— Il me faisait remarquer que tous ces matériaux divers avaient été magnifiquement utilisés par les artistes pour un résultat d'une belle homogénéité. Je me souviendrai de cette conversation sept ans plus tard lorsque le 9 février 1942, en dépit de toutes ces précautions, le paquebot *Normandie*, réquisitionné par les forces alliées, et rebaptisé *Lafayette*, sera détruit par un incendie dans le port de New York, sur les lieux mêmes du triomphe vers lequel nous courions.

L'histoire est cruelle, et se répète. Après la catastrophe, on a dit que la Mafia en était responsable. Il semble établi que la cause soit un banal accident de chantier. Un ouvrier était occupé à couper les lampadaires métalliques de Labouret pour transformer le grand salon des « première classe » en salle de récréation pour les hommes de troupe, lorsqu'une étincelle a mis le feu à un millier de ceintures de sauvetage faites de kapok et enveloppées dans du papier goudronné.

— On avait quitté Le Havre le 29 mai, reprend Toussaint après cette triste parenthèse, et dès le 2 juin la nouvelle s'était propagée : sauf incident majeur *Normandie* allait remporter le Ruban bleu. C'était la folie à bord. Les gens ne s'habillaient plus qu'en bleu. Les dames sortaient taffetas et soieries azur, d'immenses bouquets de fleurs bleues décoraient les tables et la soirée de fête s'est prolongée encore plus tard qu'à l'habitude. J'étais sur le pont quand *Normandie* a passé le bateau-feu de Nantucket, à 5 heures du matin... C'était hélas ! devenu mon heure habituelle de réveil.

1935
NORMANDIE

La fatigue de ses nuits trépidantes, au sens littéral du terme, empêche Toussaint de participer à l'enthousiasme général. Il note, en spectateur froid, la progression de la frénésie qui s'est emparé du navire.

La plupart des couche-tard ont émergé vers 10 heures pour replonger dans la fête. A l'horizon apparaissait Ambrose Light, la ligne d'arrivée. *Normandie* l'a passée à 11 h 03 : quatre jours, trois heures et deux minutes après avoir quitté Bishop Rock, dans les Sorlingues, le point de départ de l'épreuve. 29,94 nœuds de moyenne : le record de l'italien *Rex* était battu de un nœud. Délire à bord ! Pendant qu'on accrochait dans les superstructures une étamine bleue longue de trente mètres, Antonio Cosulich, le patron de la compagnie Italia, embrassait Henri Cangardel, patron de la Transat. Sportif, l'Italien avait tenu à être présent à bord du navire qui venait de ravir le Ruban bleu à l'un de ses paquebots.

Quelques instants plus tard, une immense banderole traînée par un avion survole le navire : « New York welcomes *Normandie.* » Et c'est dans une ambiance d'invraisemblable liesse que New York souhaite, en effet, la bienvenue au gigantesque vainqueur français. Des myriades de papiers tricolores tombent des gratte-ciel, des grappes humaines se sont entassées sur les grues et les toits du port, les bateaux-pompes américains font avec leurs lances les grandes eaux de Versailles. A bord, c'est le silence. L'allégresse s'est tue. L'émotion gagne. Toussaint ne résiste plus. Il tient serrée la main de Carole et parvient mal à cacher les larmes qui lui montent aux yeux.

Une nuit au Havre,* Normandie *brille de tous ses feux.

— Tout à coup, je me suis trouvé nez à nez avec ma consœur de *Candide*. Elle avait les yeux rouges. C'était pourtant la plus féroce d'entre nous.

Toussaint refuse d'en dire davantage. Les grands épanchements ne sont pas son fort. Il fouille fébrilement dans son coffre aux trésors et en sort l'article qu'Odette Pannetier livre à *Candide* au lendemain de son arrivée à New York. Odette écrit, me dit-il, exactement ce que j'ai ressenti et bien mieux que je ne pourrais le faire. Lis !

Et voilà que je me retrouve à lire tout haut, les yeux presque humides à mon tour, le mea-culpa de Toussaint, sous la plume de la journaliste de *Candide*.

— Arrivée à New York. Nous les passagers, nous nous regardons furtivement les uns les autres. Il y en a beaucoup qui ne veulent pas avoir l'air d'avoir les larmes aux yeux. J'ai la franchise de mon émerveillement... Je suis bouleversée. On a envie de s'embrasser, de dire que la France est un grand pays, qui sait faire d'admirables tours de force, que les Américains sont épatants de le reconnaître avec cet enthousiasme. Et puis, en réalité, on ne bouge pas, sidérés par cet accueil. Toutes les petites chicanes, toutes les petites histoires que j'ai racontées ne comptent plus. *Normandie*, le plus beau, le plus rapide bateau du monde, est à New York.

1938
PASTEUR

Des tonnes d'or sur un paquebot fantôme

Toussaint a déroulé une grande affiche, de celles que les collectionneurs s'arrachent aujourd'hui à prix d'or. Je le lui fais remarquer au passage.

— Pas de danger que je la vende, celle-là ! tonne mon ami qui a dû comprendre que je l'invitais à la monnayer. Je préférerais la brûler ! C'est une affiche inutile et menteuse !

J'ai déjà vu Toussaint bougon, amer et même farouchement hostile à délivrer certains petits secrets, mais je ne l'ai jamais vu en colère. Je comprends d'autant moins sa réaction qu'il m'a dit éprouver une grande tendresse pour le paquebot représenté sur cette affiche d'Albert Brenet. Elle invite au voyage vers les rivages ensoleillés de l'Amérique du Sud.

— Le paquebot n'a rien à voir là-dedans ni l'affiche qui est très bien. Ce qui me fout en rogne, explique le vieux, c'est le gâchis. Tout ce travail, cette ingéniosité, ce talent dépensés pour rien.

Toussaint étale les preuves de ses dires, sous forme d'une série impressionnante de photos de la construction du navire.

— Celui-là, c'est comme si je l'avais fait moi-même. J'ai tout suivi, depuis la pose de la première tôle jusqu'aux premiers essais en mer. J'avais accepté le contrat des chantiers de Saint-Nazaire qui voulaient des photos des différentes étapes de la construction, pour leurs archives et pour les dossiers de presse. C'était un peu un retour à la case départ — mes tout débuts avec la Transat — mais ça me faisait du bien de retrouver les gars de Penhoët.

Ils en mettent un coup, les gars de Penhoët, pour réaliser le digne successeur de *L'Atlantique*, dont l'épave a été finalement abandonnée aux démolisseurs après une longue bataille juridique entre l'armement et les assureurs. L'argent versé par les Lloyd's à Sud-Atlantique sert à construire ce nouveau navire qui va bénéficier de toutes les innovations d'organisation de l'espace, pour lesquelles *L'Atlantique* avait servi de banc d'essai.

***Pasteur* en construction peint par Albert Brenet.**

***Page de droite :* C'est encore Albert Brenet qui réalise cette affiche invitant les passagers pour l'Amérique du Sud à embarquer sur Pasteur. Mais, pour cause de guerre, le paquebot est réquisitionné et il ne verra jamais Rio.**

— On l'a baptisé *Pasteur*. Je t'assure que ce n'est pas uniquement parce que je l'ai vu grandir dans la cale de Penhoët que je t'en parle comme un père gâteux. Tous les marins qui l'ont connu en gardent la nostalgie. A tel point qu'on les appellent en rigolant les « pasteurisés ». C'était un formidable bateau. Il héritait de tout ce qui avait fait le succès de son prédécesseur sur la ligne d'Amérique du Sud. Il était un peu moins grand mais une fois à bord on ne s'en rendait pas compte, tant ses ponts supérieurs avaient été dégagés au maximum. On y avait même installé un court de tennis aux dimensions réglementaires, comme sur *Normandie*.

Semblable au ciel après un orage d'été, Toussaint est radieux. Il a oublié jusqu'aux motifs de sa colère en me faisant visiter, photo après photo, chaque étape de la construction, en insistant sur le bonheur de telle ou telle astuce permettant de gagner de la place ou d'augmenter le confort.

— Tout le monde était content, le calendrier avait été respecté. Le 15 février 1938, le lancement s'était déroulé de façon impeccable en pré-

1938
PASTEUR

sence de la marraine, Mme Pasteur Valléry-Radot, l'épouse du petit-fils de Pasteur. La mise en service était prévue pour juin 39. En fait, on a dû la retarder de quelques semaines, à cause d'un petit accident.

Pasteur est en finition à Saint-Nazaire, lorsque le 9 mars 1939 l'échafaudage des peintres prend feu. Par la cheminée, des madriers enflammés tombent dans la chaufferie où le système d'extinction par mousse n'est pas encore installé. L'incendie se propage. Les flammes sont maîtrisées, mais le temps perdu à réparer les dégâts entraîne des conséquences disproportionnées avec la nature de l'accident : *Pasteur* n'effectuera jamais son voyage inaugural.

— Si la date de juin avait pu être maintenue, *Pasteur* aurait fait ses preuves, au moins une fois. Et je te jure que les commentaires des 500 invités parisiens à la croisière d'essais, offerte le 19 août par Sud-Atlantique, donnaient à penser que sa première traversée serait un triomphe au moins égal à celui qu'avait connu *L'Atlantique*.

Seulement voilà, au lieu de mettre le cap sur l'Amérique du Sud, le 26 août, comme prévu, *Pasteur* prend la route de Brest, dès le 25, pour y être désarmé. La déclaration de la guerre est imminente.

— Sa belle affiche, la compagnie Sud-Atlantique pouvait la mettre à la poubelle. Jamais, tu m'entends, jamais *Pasteur* n'effectuera une seule liaison sous ses couleurs !

Le paquebot fantôme de Sud-Atlantique naviguera sous pavillon français de nombreuses années, mais uniquement à des fins militaires. Il est réquisitionné en 1940 et retourne à Saint-Nazaire pour y endosser son uniforme de guerre.

— Le gâchis était en route, soupire Toussaint. Le mobilier qui n'avait jamais servi, les équipements de loisirs flambant neufs, la vaisselle fine, les éléments de décoration ont été débarqués. On a protégé les lambris avec des planches de bois blanc particulièrement inflammables, en dépit des protestations de l'équipe de sécurité du bord.

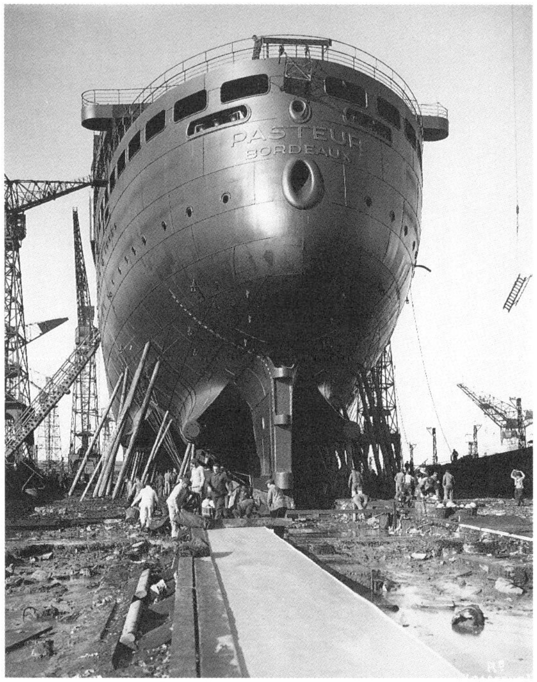

14 février 1938.
Les ouvriers mettent une dernière main à la préparation du lancement.

Page de droite :
15 février 1938. En présence de Mme Pasteur-Vallery-Radot, épouse du petit-fils de Pasteur, le paquebot est lancé.

17 juillet 1939. Le paquebot à Saint-Nazaire la veille de ses essais en mer.

Ne va pas croire que je m'étonnais comme un bleu qu'un paquebot soit appelé sous les drapeaux. Mais ce superbe navire à peine sorti des chantiers et détourné de son destin si près du but, c'était un crève-cœur pour tous ceux qui l'avaient vu, comme moi, pousser jour après jour. Armé de deux canons de 90 mm et de quatre mitrailleuses antiaériennes, *Pasteur* appareille le 30 mai pour rejoindre la rade de Brest. Pas pressé de prendre du service militaire, il s'échoue sur le banc de Mindin, et on doit attendre la marée haute pour le sortir de ce mauvais pas.

— Je dois dire que, pour sa première mission de guerre, il a été gâté. Le 1er juin 1940, il quittait Brest avec un véritable trésor : 213 329 kilos d'or de la banque de France qu'il devait livrer à Halifax, au Canada, où les Alliés français et anglais constituaient leurs réserves pour acheter des armes aux Américains. Nos voisins d'outre-Atlantique, encore neutres dans le conflit, exigeaient d'être payés cash et en lingots.

Délesté de son magot, le paquebot quitte le Canada le 9 juin pour New York où il charge 95 canons de 75, 45 caissons d'artillerie, plus de 200 avant-trains d'attelage, ainsi que quelques tonnes de munitions.

— Il devait avoir une drôle d'allure le liner élégant de Sud-Atlantique, les cales chargées jusqu'à la gueule de cette cargaison explosive, la salle à manger des « première » et les ponts supérieurs envahis de caisses.

De retour à Halifax avec leur précieux chargement, *Pasteur* et son équipage trouvent une situation nouvelle. La France vaincue vient de signer le peu glorieux armistice de Rethondes, et demande à son navire de rallier Dakar. Au nom de l'Empire britannique, resté seul dans la guerre, les Canadiens s'opposent au départ. Le 8 août, le paquebot est militairement occupé et réquisitionné par les autorités canadiennes pour le compte du ministère de la Guerre britannique.

— Il passe alors sous gérance de la Cunard White Star qui le transforme en transporteur de troupes, et navigue avec un équipage anglais jusqu'à la fin de la guerre, sans connaître le moindre

1938
PASTEUR

1938
PASTEUR

Pendant la guerre* Pasteur *est mis quelques mois à l'abri à Landevennec.

accroc. Il devient l'un des « seven sea monsters », les sept transporteurs de troupes rapides de l'armée britannique. Il est d'ailleurs en très bonne compagnie dans cette flotte de choc qui comprend *Queen Mary*, *Queen Elizabeth*, *Aquitania*, *Mauretania*, *Nieuw Amsterdam* et son compatriote *Ile-de-France* qui avait rejoint les Forces navales françaises libres dès juillet 1940.

Pendant cinq années, *Pasteur* parcourt, sous pavillon anglais, plus de 350 000 milles, transportant 250 000 hommes de troupes et 30 000 blessés sur tous les océans. Seul incident notable pendant cette période de tous les dangers, une mutinerie de prisonniers allemands qui tentent — mais en vain — de s'emparer du navire pour gagner Madagascar, alors sous contrôle du gouvernement de Vichy. C'était en 1942. Le bateau faisait route vers l'Afrique du Sud.

— Lorsque la France a récupéré *Pasteur* en 1946, j'ai espéré qu'il allait enfin prendre sa place sur la ligne de l'Amérique du Sud. Mais on a continué à l'utiliser comme transporteur de troupes pour rapatrier les combattants d'Afrique du Nord et d'Afrique occidentale. Puis il a enchaîné avec la guerre d'Indochine. Il n'y avait pas de raison de se gêner puisqu'il faisait ça très bien, transporter les troupes, et que l'on commençait à oublier qu'il avait été conçu pour transporter des civils.

Maigre consolation, aux yeux de Toussaint, *Pasteur* est l'un des bateaux français les plus décorés. Il a reçu la croix de guerre 39-45, une médaille de la Banque de France et une autre pour ses services rendus en Extrême-Orient.

— Il a failli retourner enfin au civil en 1956, mais à peine se trouvait-il dans les mains de la marine marchande qu'il lui fallait reprendre la mer pour transporter d'autres troupes vers le Moyen-Orient, à la suite de la nationalisation du canal de Suez.

Pasteur *en* Regina Magna.

Pasteur *en* Bremen

1938
PASTEUR

En vérité, la France hésite à reconvertir au commerce ce glorieux compagnon vieilli sous le harnois de l'armée. En 1957, la Compagnie générale transatlantique envisage un instant de le placer sur l'Atlantique Nord, mais on le juge inadapté pour ce service.

— *Pasteur* n'était pas à l'aise dans les parages trop tourmentés. Comme, à l'origine, il devait fréquenter le port peu profond de La Plata, son tirant d'eau était très faible. Mais surtout son énorme cheminée faisait voile dans les tempêtes de l'Atlantique Nord... Ah ! cette cheminée, elle lui donnait un de ces panaches ! Il aurait fallu un Rostand maritime pour lui composer une tirade des cheminées.

C'était un roc, c'était un pic, un cap.

Que dis-je ? un cap ?

C'était une péninsule...

A propos de péninsule, *Pasteur* retrouve celle de Bretagne. On lui offre des vacances dans l'anse de Landévennec, en attendant un acquéreur. Celui qui se présente soulève la tempête dans l'opinion publique et au Parlement : l'Allemagne achète *Pasteur !*

— Je n'en suis pas fier, aujourd'hui, parce que depuis on a passé l'éponge, mais j'étais parmi ceux qui criaient au scandale. C'était tout de même un curieux caprice de l'histoire que le paquebot le plus décoré de France commence sa carrière commerciale sous les couleurs de l'ennemi d'hier.

Mais ce n'est plus *Pasteur* qui entreprend son premier voyage inaugural, à l'âge de vingt et un ans. La silhouette du paquebot qui a mis le cap sur New York au départ de l'Allemagne, en juillet 1959, n'est pas celle que lui avaient donnée les chantiers de Saint-Nazaire. L'énorme cheminée déportée sur l'avant — pour éviter les retombées de suie — qui le rendait reconnaissable de loin, a été singulièrement rabotée. Et ce n'est que l'aspect le plus apparent d'une refonte totale subie pendant un an et demi sur les chantiers Bremer Vulkan qui ont mis le navire à nu pour le reconstruire entièrement. On l'a rebaptisé *Bremen*. Toussaint, qui prend goût aux vers de mirliton se met subitement à déclamer...

Pasteur *appareille le 30 mai 1940 pour rejoindre la rade de Brest.*

— Si nos voleurs de paquebot
avaient eu l'esprit de Cyrano,
ou simplement un peu de nez,
ils en auraient gardé la cheminée.
Mais il fallait, hélas,
qu'ils la lui amputassent...

Ce n'était plus *Pasteur*, mais ça n'empêchait pas Toussaint de continuer à s'intéresser à son sort. Aussi consciencieusement qu'il avait fait la guerre, le navire refondu va assurer pendant onze ans croisières et voyages réguliers entre Bremen et New York.

— Je m'informais de sa carrière quand je rencontrais des collègues allemands. Ils marquaient un temps de surprise en m'entendant parler de *Pasteur*, puis s'écriaient en rigolant : « *Bremen ?* Ah oui, ça va, rien à signaler. »

Un jour pourtant, ça ne va plus tout à fait, puisque l'Allemagne vend son *Bremen* à l'armateur grec Chandris.

— C'était en 1971. Nouveau mariage, nouveau nom : *Regina Magna*. Et le voilà reparti, sur la ligne d'Australie cette fois, jusqu'en 1975.

En 1977, sonne l'heure de la semi-retraite. Vendu à l'Arabie Saoudite, *Pasteur*, alias *Bremen*, alias *Regina Magna*, finit sa carrière sous le nom de *Saudi-Filipanas Ier*. Finies les balades en mer, il n'est plus qu'un hôtel flottant, amarré dans le port de Djeddah.

— On peut dire qu'on l'a usé jusqu'au bout, le paquebot fantôme de Sud-Atlantique, conclut Toussaint en roulant soigneusement l'affiche menteuse qui témoigne du destin contrarié du navire. Des pavillons, il en aura vu de toutes les couleurs, sauf celui de sa compagnie mère. Et avec ça, toujours vaillant, jamais malade. Ça ne m'aurait pourtant pas déplu qu'il donne quelques soucis à ses tuteurs allemands !

Mais comme tout a des limites, même les nerfs d'acier d'un paquebot formé à la discipline militaire, l'ancien *Pasteur* ne disparaîtra pas sans un instant de révolte. Envoyé au rebut par ses propriétaires, à l'âge de quarante-deux ans, il reprend la mer une dernière fois, traîné par le remorqueur panaméen *Sumatras*. Cap sur les chantiers de démolition de Kaohsiung, à Formose. Mais une tempête le surprend dans les parages ordinairement très calmes de l'île de Socotra. Une voie d'eau se déclare. Le navire se met à gîter. Le remorqueur est contraint de lâcher prise. *Pasteur* se couche et coule en cinquante secondes dans l'océan Indien. C'était le 9 juin 1980. Il avait refusé le chalumeau des ferrailleurs.

1962
FRANCE

Treize années d'illusions

A peine ai-je franchi le seuil de sa porte, ce soir-là, que Toussaint attrape sa bouteille de Ricard et part vers la cuisine à la recherche d'un verre. C'est devenu un code entre nous. Qu'il m'invite à prendre un porto dans un verre à pied, et je sais que je suis admis à embarquer pour de nouvelles aventures. Mais qu'il se tasse un jaune bien serré dans un vulgaire verre à bière, en m'indiquant d'un geste vague que je peux me servir, et je dois comprendre qu'il est inutile d'insister. D'ordinaire, ça ne m'inquiète pas. Je reste quelques minutes à regarder la mer par la grande baie vitrée, puis je le laisse à son silence en lui disant que je repasserai.

Aujourd'hui c'est la cinquième fois consécutive, en huit jours, qu'il me fait le coup du jaune. Je déroge à notre pacte tacite, et lui demande de me dire franchement si je le dérange.

— C'est pas ça, tu le sais, s'excuse Toussaint, mais je te vois bien me tourner autour, l'air de rien, avec ton carnet de notes à la main. Seulement, maintenant, je n'ai plus rien à te raconter.

— Et *France*, Toussaint, c'est bien le paquebot de ton dernier voyage !

— Ce bateau-là, tu n'as pas besoin d'un vieux comme moi pour t'en parler. Tu n'as qu'à demander aux plus jeunes qui y ont travaillé.

— Mais ce que je veux savoir, il n'y a que toi qui puisse me le dire. Est-ce que c'était vraiment le plus beau, le plus réussi de tous les paquebots français que tu as connus ?

Mai 1959. France en construction à Saint-Nazaire.

Page de droite : Début 1960. Les lignes du paquebot apparaissent désormais nettement.

Je sens que j'ai gagné la partie car Toussaint se met à rire. A vrai dire, c'est plutôt un ricanement, mais ça m'encourage à poursuivre.

— J'ai dit une bêtise ?

— Non, pas une bêtise. Mais tu as dit ce que j'ai entendu pendant toute la traversée de la part de mes jeunes confrères. Ils avaient tous envie de me faire dire que le nouveau *France* était le plus ceci, le plus cela. Il était impossible de prononcer le nom de *France* sans que quelqu'un ajoute « plus » ou « mieux ».

— Et alors ? Ton avis ?

— Alors, répond le vieux en prenant un malin plaisir à éluder ma question, c'est le paquebot sur lequel je me suis le « mieux » reposé, celui sur lequel on m'a le « plus » dorloté.

Sur ce, le voilà parti, une fois encore, vers son grand coffre aux images. Il aura fallu une semaine pour le décider à me parler du bateau qui est pour lui, je l'imagine, un concentré de nostalgie. La première photo qu'il exhume de l'album consacré à ce *France* m'arrache un cri de surprise : elle est la toute première du genre.

— Toussaint, mais c'est toi !

— C'est moi, confirme mon ami, pas mécontent de son petit effet. Il faut te dire que j'étais un peu une vedette pendant la traversée inaugurale de *France* en 62. Tu ne t'en rends peut-être pas compte parce que je suis encore en forme, mais j'avais déjà soixante-dix ans. C'était au tour des autres de photographier. En me tirant le portrait, ils avaient peut-être l'impression de faire un raccourci entre le *France* de 1912 et celui-là. En tout cas, c'est bien en tant

1962
FRANCE

1962
FRANCE

1962
FRANCE

Ci-contre
15 avril 1960. Les peintres achèvent l'inscription du nom **France** *sur la coque.*

Page de gauche :
Juillet 1961.
La première hélice est installée.

Juin 1959.
Ce gigantesque réducteur transmet le mouvement d'un arbre du moteur à une des hélices.

Juillet 1961.
Les travaux d'aménagement s'achèvent.
France *est mis à flot dans le bassin de Penhoët.*

que « vieux » que j'avais été invité. C'était un peu mon cadeau de départ en retraite.

Le vieux monsieur de la photo, confortablement installé sur un transatlantique, le plaid remonté jusqu'au menton — nous sommes en février — connaît là ses premières vraies vacances de millionnaire. Il n'a rien d'autre à faire que se laisser chouchouter par le personnel du navire auquel la Transat l'a recommandé, et à répondre aux questions de journalistes trop contents de pouvoir émailler leurs papiers des réflexions d'un vieux sage de la vie des paquebots. Les demandes d'inscription pour ce premier voyage ont été si nombreuses que la compagnie a décidé de couper la poire en deux. Près de deux mille passagers embarquent en janvier 62 pour une croisière aux Canaries, et autant en février pour la première liaison régulière Le Havre-New York. Toussaint se trouve parmi ces derniers.

— Je me souviens d'une jeune Martiniquaise, hôtesse sur le paquebot ; aucune femme n'a été aussi attentionnée pour moi. Elle me poursuivait sur le pont, où je me suis toujours senti mieux que dans les salons, en me grondant parce que j'allai prendre froid. Et elle soignait mes rhumes imaginaires à coup de grogs, les plus délicieux que j'ai jamais bus. Peut-être est-ce pour cela que l'odeur caractéristique de *France* — tous les paquebots en ont une — est pour moi celle du rhum. A moins que ce ne soit à cause des crêpes Suzette, la spécialité du chef. Tout le personnel de ce navire était d'une exceptionnelle gentillesse et d'une remarquable compétence. C'est ça, avant tout, qui a fait le succès du paquebot. Je me demande ce qu'elle est devenue, ma petite Martiniquaise, quand ils ont mis *France* au rancart.

Installé, dès le premier soir, comme un coq en pâte, dans le fumoir au luxe

Ci-contre 15 septembre 1959. L'un des derniers éléments de l'étrave est posé. Il pèse trente tonnes.

Les dernières retouches de peinture.

Page de droite : 13 juin 1961. L'aileron de la cheminée arrière arrive sur le plateau d'un semi-remorque, puis il est installé, donnant à France sa silhouette caractéristique.

1962
FRANCE

1962
FRANCE

discret, Toussaint donne sa première conférence. Plusieurs confrères et quelques voyageurs le pressent de se livrer au petit jeu des « plus » et des « mieux ». Le vieux roublard leur livre en apéritif cette fable.

— Presque tous les navires que j'ai connus mettaient leur coquetterie dans leurs cheminées, soit qu'ils en aient plus que nécessaire, comme *France* de 1912, soit qu'ils n'en aient qu'une — mais énorme — comme *Pasteur*, soit qu'ils fassent semblant de s'en passer, comme *Georges-Philippar*, soit encore qu'ils les frappent de fiers coqs gaulois, comme *Gallia*. A mon avis, le « plus » de *France*, c'est d'avoir muni les siennes d'un chapeau en forme d'empennage d'avion... pour « mieux » narguer les Boeing de la concurrence au-dessus de l'Atlantique.

La boutade porte ses fruits, et le débat s'engage sur les mérites respectifs de l'avion et du bateau.

— Ça me paraissait être un débat plus actuel que celui sur les avantages comparés des bateaux d'hier et d'aujourd'hui ! La plupart des personnes présentes pensaient que tout le monde devait y trouver son compte : aux gens pressés les voyages aériens, aux adeptes de la trêve de luxe les traversées maritimes. Mais je leur faisais remarquer que les chiffres n'étaient pas aussi optimistes. Le trafic maritime stagnait tandis que le trafic aérien s'envolait. Finalement nous nous sommes tous mis d'accord en accusant l'Etat d'avoir perdu un temps précieux.

Au lendemain de la guerre qui a ravagé les ports et décimé la flotte, les quais de Dunkerque, Nantes, Saint-Nazaire, Bordeaux, Marseille sont effondrés, leurs bassins encombrés d'épaves. Etat et Transat mènent rondement la reconstruction de la flotte de cargos. En revanche, le renouvellement de la flotte des paquebots est plus discutée. L'aviation bouleverse la donne et nombreux sont ceux qui estiment révolue l'époque des grands paquebots de luxe. Ce n'est pas le point de vue de Jean Marie, le patron de la Transat, qui mise sur la complémentarité de ces deux moyens de transport. La Cunard a sauvé tous ses géants des mers, les Etats-Unis mettent en construction une flotte devant leur assurer dix fois la capacité de transport de 1939. Il ne faut pas que la France se laisse distancer au moment où, malgré la concurrence de l'avion, le trafic maritime transatlantique connaît une forte expansion.

Ci-contre :
Drapeau tricolore et cheminée à ailerons ; voilà tout* France *résumé.

Page de gauche : Lors de sa dernière croisière,* France *à Sydney, puis à Hong Kong.

Le redressement de la compagnie est spectaculaire. De 1947 à 1952, elle construit quarante navires et en modernise dix-neuf. C'était indispensable. En 1946, avec ses seuls cargos mixtes *Oregon* et *Wisconsin*, la French Line n'embarquait que 1% de la clientèle transatlantique. En 1947, sur les 63 500 passagers enregistrés au Havre, 10 300 seulement étaient transportés par la Transat qui ne disposait que du paquebot *De Grasse* pour faire face aux paquebots anglais de la Cunard, aux Américains d'US-Lines, et au superbe hollandais *Nieuw Amsterdam*. En juillet 1949, *Ile-de-France*, entièrement refondu aux chantiers de Penhoët, vient en renfort, puis *Liberté* (ex-*Europa* allemand), en août 1950. La Transat retrouve alors son rang sur l'Atlantique Nord.

— *Liberté*, explique Toussaint, était un beau paquebot, tout comme *Ile-de-France*. Leur rénovation en faisait des unités très appréciées par les voyageurs mais ils mettaient six jours pour faire Le Havre-New York. Si la France voulait conserver sa place sur cette ligne concurrencée par l'avion, il fallait construire un grand paquebot moderne, plus rapide, capable de faire la traversée en cinq jours, comme les Anglais et les Américains, bref remplacer l'inoubliable *Normandie*, retrouver l'orgueil de la flotte française.

Mais René Coty, le président de la République, a beau être havrais, il faut trois ans de discussions pour que sénateurs et députés se décident enfin, en 1956, à passer commande aux Chantiers de l'Atlantique du plus long paquebot du monde : 315 mètres pour 66 000 tonneaux... et 274 millions de francs. Ces années perdues pèseront très lourd au moment des comptes. 1960, l'année du lancement du *France*, est aussi celle où Air France met ses Boeing 707 sur la ligne Le Havre-New York.

— Au lendemain de cette discussion, j'ai décidé de visiter le navire de fond en comble. Je n'avais pas voulu donner mon avis sur sa décoration dès la veille, car ma première impression m'obligeait à lui distribuer quelques « moins ». L'ensemble était moins grandiose que ce que j'avais connu sur le premier *France*, sur *Paris*, sur *Ile-de-France* et sur *Normandie* qui, en dépit de sa modernité, avait conservé beaucoup de majesté.

Les locaux de *France* sont vastes mais, conformément aux nouvelles règles de sécurité anti-incendie, les architectes n'ont pas eu la possibilité de jouer sur de très longues perspectives, et la hauteur de plafond est limitée. La grande descente de la salle à manger des « première », qui occupait traditionnellement la hauteur de deux ou trois ponts, n'a sur *France* que dix-neuf marches. En outre, les décorateurs ont largement utilisé des matériaux légers comme l'aluminium et des matières plastiques traitées spécialement. C'est élégant, rationnel, mais un peu froid au yeux des amoureux des

Que ce soit l'ocelot de Salvador Dali ou le chien de monsieur Tout-le-Monde, les animaux étaient particulièrement choyés sur France. Les chiens bénéficiaient même d'un menu spécialement imprimé.

Page de droite : La salle de jeux des enfants.

23 novembre 1961. France fait une entrée triomphale au Havre.

paquebots d'avant-guerre. L'académicien Michel Mohrt a écrit, comparant *Normandie* à *France*, que c'était passer de Lalique en Formica...

Après sa visite, Toussaint est moins sévère. Pour qui sait les arpenter, les navires nouveaux font toujours quelques clins d'œil aux plus anciens. En cheminant dans les rues du gigantesque paquebot — il fait quelques mètres de plus que *Normandie* — le vieux connaisseur retrouve, dans la bibliothèque, la trace de son Petit Poucet préféré, le décorateur, ébéniste et sculpteur Jean-Emile Leleu.

— En découvrant la bibliothèque — seule pièce qui sera conservée sur *Norway* — j'ai eu envie de dire : « Tiens, encore toi, merci d'être venu », comme à un vieil ami, un complice fidèle. Il avait déjà décoré le grand salon et les appartements « Versailles » et « Chantilly » d'*Ile-de-France*, les cabines de luxe de *L'Atlantique*, les cabines de première classe de *Normandie*, la salle de spectacle de *Liberté*.

A l'heure du thé, après sa longue balade, Toussaint peut dire en toute honnêteté à ses interlocuteurs que si *France* lui a paru moins grandiose que ses prédécesseurs, il est du même coup plus intime et surtout plus démocratique dans la distribution de ses espaces.

— Tout le monde, riches et moins riches, y avait le même droit au confort. La différence se jouait sur la taille et le luxe des cabines, mais les espaces communs de la classe touriste étaient d'une dimension relativement équivalente à ceux de la première classe, et les équipements se valaient.

Le sens de la démocratie sur *France* n'empêche pas ses passagers privilégiés d'y trouver, jusqu'à la caricature, les raffinements du luxe. Même nos amis les bêtes ont droit au « dernier cri » du confort.

— Sais-tu, me dit Toussaint, qu'il y

1962
FRANCE

avait sur ce palace des années soixante une trentaine de niches chauffées, moquettées et régulièrement lavées qui abritaient, moyennant 50 dollars par voyage, chiens, chats, et animaux divers... dont les lapins du prestidigitateur. Chaque jour les bestioles pouvaient choisir entre cinq plats différents.

Le menu du jour propose : le plat de tayaut (consommé de bœuf, toasts, légumes). Le régal de Sweekey (carottes, viandes hachées, épinards, toasts). La gâterie France (haricots verts, poulet haché, riz nature arrosé de jus de viande et de biscotte en poudre). La préférence du danois (os de côte de bœuf, de jambon et de veau). Le régime végétarien des dogs (tous légumes frais et toutes pattes alimentaires).

— Afin que les chiens puissent faire leur pipi sans être dépaysés, on avait planté, à proximité des niches, un réverbère français Belle Epoque et une bouche d'incendie new-yorkaise. C'était, selon les avis, le comble du ridicule ou le comble de l'humour.

Lors de sa dernière croisière,
France ***dans le détroit de Torrès.***

Page de droite :
France ***à Auckland.***

Malgré le confort offert aux animaux, Salvador Dali, un des nombreux amoureux de *France*, préfère garder son ocelot à portée de main. Chaque fois qu'il s'installe au bar du pont-véranda, le félin saute sur le piano et, le museau à quelques centimètres du visage du pianiste de service, s'y endort. Le musicien se plaint un jour à l'accordeur. Son instrument, estime-t-il, n'a plus la sonorité d'antan. A l'examen on constate que les cordes sont oxydées comme si elles avaient subi un aérosol acide. Le fauve de l'artiste avait sans doute, un jour, discrètement préféré le dessus du quart de queue au pied du réverbère Belle Epoque.

— Nous avons eu une tempête mémorable durant cette traversée, la

1962
FRANCE

La salle à manger des "première classe"...

plus forte enregistrée depuis 1936, eh bien, crois-moi ou non, *France* a poursuivi sa route, impavide, grâce à ses deux paires d'ailerons stabilisateurs. Du point de vue technique, c'était une perfection. Il pouvait atteindre une vitesse de 35 nœuds sans qu'on décèle la moindre vibration. Pourtant, je me serais bien contenté d'une allure de croisière. Je n'étais pas pressé d'arriver.

Les journées passent trop vite au gré de Toussaint qui apprécie sa situation d'hôte de marque mais surtout la qualité du service.

— Un exemple : aux cuisines, une personne était employée à temps plein pour préparer les pamplemousses entièrement pelés, découpés en quartiers et replacés dans leur peau d'ori-

...et les cuisines...

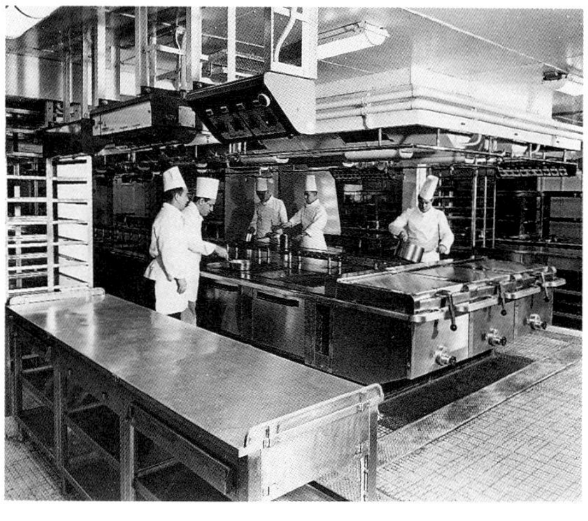

gine. On avait l'impression, pendant les cinq jours de traversée, que tout était possible.

Pour le dîner, les « première classe » ont le choix entre douze hors-d'œuvres — dont du caviar — cinq grillades, dix légumes, douze fromages et huit desserts. Et pourtant un quart des clients commandent ce que le personnel hôtelier appelle des hors-cartes : canard aux cerises, homard grillé, bœuf à la ficelle, truffes sous la cendre, etc. Presque immanquablement, le chef parvient à satisfaire les lubies les plus folles.

— Le caviar était servi dans des boîtes d'un kilo huit cents. Elles étaient perchées sur un socle décoré d'un aigle aux ailes déployées, sculpté au tisonnier dans la glace. Il fallait voir arriver,

La salle de jeux des enfants.

dans la salle à manger Chambord, sous les applaudissements des convives, cette étonnante pièce montée portée par deux serveurs. Les averses de champagne, l'armée des grooms rouges, appelés les homards, la prévenance de l'ensemble du personnel transformaient chaque passager en prince.

Il arrive que ces princes, gavés, soient victimes d'incidents cardio-vasculaires. Pas de panique, une équipe médico-chirurgicale de très grande réputation est immédiatement sur le pied de guerre et, grâce aux liaisons par satellites, rendue possible par les installations de Pleumeur-Bodou, les électrocardiogrammes peuvent être transmis, côté France, vers l'hôpital Boucicaut, côté Etats-Unis, à destination de la Cornell University. Un bloc opératoire et une salle d'accouchement complètent l'équipement hospitalier de *France*.

— Je n'avais aucune envie de bouder, cette fois-là. Ma cabine était spacieuse et aucune vibration ne troublait mon sommeil. Pourtant je me tenais à l'écart des galas et des spectacles qui se succédaient. Je n'étais pas le seul à préférer le farniente, la lecture ou la rêverie, sur ce navire dont les dimensions permettaient à chacun de s'isoler au gré de ses envies.

Une invitée de marque de la croisière inaugurale aux Canaries, la marraine de *France*, Mme de Gaulle, avait, elle aussi, trouvé parmi tous ces fastes de quoi satisfaire son goût des choses simples.

— Un serveur m'a raconté avec émotion que tante Yvonne s'était renseignée discrètement sur l'origine des pommes de terre servies en robe des champs qu'elle trouvait succulentes. Les patates venaient d'Idaho, aux Etats-Unis, et l'épouse du général a demandé qu'on lui en fasse livrer des plants pour son potager de Colombey-les-Deux-Eglises.

Mme De Gaulle avait créée l'émotion à Santa-Cruz de Ténérife où elle devait se rendre à l'invitation du gouverneur de l'île, en restant bloquée dans l'ascenseur de *France*. Les officiers se confondaient en excuses, mais la première dame de France les rassurait avec sa tranquille gentillesse. Elle occupait, en compagnie de son fils Philippe et de son épouse, la grande suite de luxe qui portait le nom de « Normandie ». Deux chambres, un salon, une salle à manger pour dix convives, deux salles de bains et des lits suffisamment longs pour accueillir le général de Gaulle... qui n'a jamais fait une seule traversée sur le paquebot. Fut-elle impressionnée, la bonne tante Yvonne, par les fastes de son luxueux filleul, ou légèrement inquiète, en ménagère avisée qu'elle était, du gouffre financier qu'il représentait ?

— C'était facile de critiquer la gabegie, me répond Toussaint. Elle existait comme sur tous les paquebots de grand luxe, mais elle n'explique pas l'abandon de *France*. C'est le pays tout entier qui est responsable de cette indignité. A commencer par les hommes politiques d'après-guerre qui ont tellement tergiversé avant de décider de le construire, que lorsqu'il est arrivé sur le marché, il ne répondait plus aux besoins. Et lorsqu'il aurait fallu avoir le courage de le transformer pour l'adapter aux nouvelles donnes de l'économie, on a laissé ce soin aux Norvégiens.

En douze ans d'exploitation, croisières et traversées régulières de l'Atlantique, *France* aura transporté 702 066 passagers, plus une passagère très surveillée qui ne quittera pas sa cabine de tout le voyage, la Joconde, prêtée pour quelques semaines aux Etats-Unis, à la fin de l'année 1962. Mais ces chiffres — et cet honneur — ne peuvent masquer le déficit qui se creuse d'année en année. Le trafic maritime qui atteignait le million de passagers en 1956, date de la commande de *France* aux Chantiers de l'Atlantique, n'est plus que de 338 000 en 1969, et tombe à 132 000 en 1973. Pendant la même période, le trafic aérien est

France
au quai de l'oubli.

passé de 835 000 à 12 millions de passagers. Mais c'est le choc pétrolier de 1974 qui porte le coup de grâce au paquebot français.

— C'est vrai, reconnaît Toussaint, que les 160 000 chevaux de *France* ne se contentaient pas d'un peu d'avoine. Ils engloutissaient leurs 600 tonnes de fuel par jour, la consommation annuelle d'un immeuble de mille personnes.

N'en déplaise à Toussaint, qui défend mordicus le personnel du navire, un autre élément est à prendre en compte dans la déroute économique de la compagnie : les dépenses d'équipage croissent sans cesse. Les syndicats ne veulent céder sur rien. Ni sur l'effectif (1 320 personnes pour 1972 passagers) ni sur les multiples primes qui s'ajoutent aux salaires. En 1974, le déficit d'exploitation atteint 100 MF et, le 9 juillet, le gouvernement coupe le robinet des subventions. La Transat annonce sa volonté de désarmer le bateau. Les grèves se multiplient. Le 11 septembre, des membres d'équipage contraignent le commandant Pettré à mouiller dans le chenal du Havre. Le paquebot reste immobilisé sur rade pendant treize jours. Le 24, une tempête l'oblige à chercher refuge devant Saint-Vaast-la-Hougue. C'est le dernier voyage de *France* sous pavillon français puisque ensuite il est amarré au Havre le long d'un quai désert, appelé depuis quai de l'Oubli, où il reste cinq années dans l'indifférence générale.

Un milliardaire saoudien, Akram Ojjeh, le rachète pour 80 MF en 1977. Il veut en faire un musée flottant du patrimoine français mais la France ne soutient pas le projet et le Saoudien revend le bateau au Norvégien Knut Kloster. Le 19 août 1979, après un baroud d'honneur syndical, *France* devenu *Norway* quitte Le Havre. Il est alors profondément modifié. Ses machines sont remplacées par des propulseurs moins gloutons, ses luxueuses installations transformées pour en faire un paquebot de classe unique servi par un personnel hôtelier asiatique. En vertu de quoi, sous les couleurs de la Norwegian Caribbean Lines, l'ex-*France*, remodelé récemment encore, propose à une clientèle qui n'est plus celle des milliardaires d'aller faire des ronds dans l'eau sous le soleil des Caraïbes.

Dernier mirage.
***En décembre 1989,* Norway**
***est rebaptisé* France**
le temps d'une croisière
dans les Caraïbes.

Toussaint reste longtemps silencieux. Je le croyais sur le quai de l'Oubli, revivant l'adieu à son dernier paquebot, mais il était face au Pier 88, le quai new-yorkais de la French Line. *France* y achevait, le 8 février 1962, sa première traversée de l'Atlantique, dans une ambiance de liesse comparable à celle qu'avait connue *Normandie*.

— Il était midi lorsque nous sommes passés devant la statue de la Liberté. Elle n'avait pas changé, les tours de Manhattan non plus. Moi, d'un coup, je me suis senti vieux. Le commandant Croisile, qui m'avait fait une place sur la passerelle pour l'arrivée, a compris que je n'en menais pas large. Il m'a fait un signe de la main, le même sans doute qu'il avait adressé, une quinzaine de jours plus tôt, au vieux *Liberté* que *France* avait croisé dans le golfe de Gascogne, et qui faisait route vers les chantiers de La Spezia pour y être démoli...

Bah, c'est la vie, se reprend Toussaint, on part tous à la casse un jour ou l'autre. Finalement, ça m'a fait du bien de te parler de tous ces paquebots, et même de celui-là qui est venu trop tard dans ma vie et dans le siècle. Au train où vont les choses, je ne désespère pas qu'un beau matin on comprenne que le vrai luxe, le grand art, c'est de savoir apprécier la saveur du temps qui passe. Ce jour-là, l'homme pressé sera archaïque et le temps des liners, revenu.

LISTE DES NAVIRES CITÉS

BIBLIOGRAPHIE

1852-1927 : Messageries maritimes. Imprimerie Jules Céas et fils. 1928

1872-1972 : Chargeurs réunis. SDE-Conseils en information. 1972

Assouline (Pierre), *Albert Londres*. Editions Balland. 1989

Barbance (Marthe), *Histoire de la Compagnie générale transatlantique*. Editions Arts et Métiers graphiques 1955

Carour (Roger), *Sur les routes de la mer avec les Messageries maritimes.* 1968

Comte (Gilbert), *L'Empire triomphant*. Editions Denoël. 1990

Coquery-Vidrovitch (Catherine), *Le Congo au temps des grandes compagnies concessionnaires : 1898-1930*. Editions Mouton. 1972

Duras (Marguerite), *L'Amant.* Les Editions de Minuit. 1984

Feinstein (Guy), Mohrt (Michel), *Paquebots, le temps des traversées.* Editions Maritimes et d'Outre-Mer. 1980

Foucart (Bruno), Offrey (Charles), Robichon (François), Villers (Claude), *Normandie*. Editions Herscher. 1985

Greene (Graham), *Voyage sans cartes*. Editions du Seuil. 1951

Grégory (Alexis), *L'Age d'or du voyage : 1880-1939.* Editions du Chêne. 1990

Lebègue (Antoine), *Bordeaux des paquebots*. Editions Sud-Ouest. 1988

Les grands dossiers de « L'Illustration », « Les Paquebots ». 1989

Mahuzier (Alain-Pierre), *Très Cher « France »*. Editions Stock. 1978

Marin (Pierre-Henri), *Les Paquebots, ambassadeurs des mers*. Editions Découvertes-Gallimard. 1989

Neptunia. Revue de l'Association des amis des musées de la Marine de décembre 1991 consacrée aux paquebots de légende.

Trihan (Ludovic), *La Compagnie générale transatlantique*. Editions Glénat. 1991

CRÉDIT PHOTOGRAPHIQUE

6 et 10. Archives historiques de la Compagnie générale maritime (CGM). **11.** Photothèque du musée du Petit Palais à Paris. **12, 14 g, 15 h, 16, 17.** Archives historiques de la CGM. **14 d, 15 b, 18. 19 h.** Coll. Claude Molteni de Villermont. **19 b.** Ecomusée de Saint-Nazaire. **20, 22, 23.** Archives historiques de la CGM. **24, 25, 26, 27, 28.** Archives historiques de la SCAC-Delmas-Vieljeux (SDV). **29, 30.** Coll. Claude Molteni de Villermont. **31, 32.** Archives historiques de la SDV. **33.** Coll. de l'auteur. **34.** Coll. Cogan. **35 h.** Coll. Claude Molteni de Villermont, **35 b.** Coll. Cogan. **36 et 37.** Coll. de l'auteur. **38.** Coll. Claude Molteni de Villermont. **39.** Coll. de l'auteur. **40.** Photothèque des Chantiers de l'Atlantique. **41.** Archives historiques de la CGM. **42 et 43.** Photothèque des Chantiers de l'Atlantique. **44.** Archives historiques de la CGM. **45.** Photothèque de l'Institut français d'architecture**. 46, 47 g.h.** Agence Roger-Viollet. **47 d.** Archives historiques CGM. **47 b.** Photothèque des Chantiers de l'Atlantique. **48.** Coll. Claude Molteni de Villermont. **49.** Agence Roger-Viollet. **50.** Coll. Claude Molteni de Villermont. **51.** Coll. de l'auteur. **52.** Archives historiques de la CGM. **53, 55, 57.** Coll. Studio Baudelaire. **58.** Coll. Claude Molteni de Villermont. **59.** Archives historiques de la SDV. **60 et 61.** Phototèque des Chantiers de l'Atlantique. **62 et 63.** Coll. *L'Illustration***. 64 et 65.** Photothèque des Chantiers de l'Atlantique. **65 h.d.** Coll. Claude Molteni de Villermont. **66 h.** Phototèque des Chantiers de l'Atlantique. **66 b.** Coll. Claude Molteni de Villermont. **67.** Coll. *L'Illustration.* **68.** Archives historiques de la SDV. **69.** Coll. Claude Molteni de Villermont. **70.** Archives historiques de la CGM. **71.** Musée maritime et portuaire du Havre. **72.** Archives historiques de la CGM.

73. Coll. *L'Illustration.* **74, 75 et 76.** Archives historiques de la CGM. **77.** Photothèque des Chantiers de l'Atlantique. **78.** Archives historiques de la CGM. **79.** Musée maritime et portuaire du Havre. **80.** Archives historiques de la CGM. **81.** Photothèque des Chantiers de l'Atlantique. **82 et 83.** Archives historiques de la CGM. **84.** Photothèque des Chantiers de l'Atlantique. **85.** Ecomusée de Saint-Nazaire. **86.** Photothèque de l' Institut français d'architecture. **87, 88, 89 et 90.** Archives historiques de la CGM. **91.** Photothèque de l'Institut français d'architecture**. 92.** Ecomusée de Saint-Nazaire. **93.** Archives historiques de la CGM**. 94.** Musée de la Marine. **95.** Coll. de l'auteur. **96 et 97.** Phototèque des Chantiers de l'Atlantique. **98 h.** Coll. Cogan. **98 g.** Coll. Claude Molteni de Villermont. **99.** Coll. Cogan. **100, 101, 102, 103, 104, 105.** Photothèque des Chantiers de l'Atlantique. **106 et 107.** Photos Jean-Pierre Prével. **108 h.** Archives historiques de la CGM. **108 b.** Coll. Claude Molteni de Villermont. **109 h**. Archives historiques de la CGM. **109 b.** Photothèque des Chantiers de l'Atlantique. **110 et 111.** Photos Jean-Pierre Prével. **112 et 113.** Archives historiques de la CGM. **114.** Photo Jean-Pierre Prével. **115.** Archives historiques de la CGM. Pour les affiches © SPADEM ou ADAGP.

CONCEPTION & RÉALISATION
GRAPHIQUE
MARTHE LAUFFRAY

ISBN : 2 7373 1184 5
Achevé d'imprimer en septembre 1992
par Ouest-Impressions Oberthur, à Rennes
(35)
sur papier couché classique JOB 150 g/m2.

Dépôt légal : septembre 1992
N° d'éditeur : 2515 01 05 09 92